九州
鉄道ものがたり

桃坂 豊
Momosaka Yutaka

弦書房

目次

Ⅲ　設備と技術

はじめに

子供の頃から普通の社会生活がおくれないほど病弱だった。その身体の弱い私を救ってくれたのが鉄道だった。気分の良い日は祖父とともに近くの香春《かわら》駅（日田彦山線）に通い、線路の端にたたずみ、時折通る汽車をただ見送る毎日だった。

目の前に敷かれた線路は想像をたくましくしてくれる。この線路は遠くの街まで続いている。その線路の上には、憧れであったブルートレインや新型の特急電車が走っているのだ。いつの日にか乗ってみたい、窓の外に流れる景色を眺めてみたい、遠くに行って見たい……そのためには健康にならないといけない。そんな毎日だった。

自宅からは香春駅からの上り列車を眺めることができた。私が駅にいない日、蒸気機関車の運転士さんが心配して汽笛を鳴らしてくれると、布団より起き上がり手をふっていたことを鮮明に覚えている。

そんな日々より数十年たち、お蔭様で人並み以上の健康体となった。大げさな言い方かもしれないが、命を救ってくれた鉄道に今度は私が恩返しをする番とおもっている。微力ながら鉄道の持つ魅力や実用性をすこしでも多くの人に伝えることができたらと思っている。

つたない文章と写真ではあるが、本書の中で一緒に旅をお楽しみいただけたら幸いである。

I

列車をめぐる物語

国の重要文化財に指定された門司港駅舎。頭端式ホームを有する駅で、ヨーロッパのターミナル駅によく見られる構造となっている

門司港駅「誇りの鏡」

JR門司港駅の駅長事務室に、大きな楕円《だえん》形の鏡がひっそりとかかっている。

「誇りの鏡、門司港駅の皆様へ、昭和46年6月吉日、池田左門司氏（昭和20年8月21日生）出生記念」と記された鏡には、心温まるエピソードがある。

終戦直後、子供を連れた身重の引揚げ者、池田うた子さんが朝鮮半島の釜山から門司港に到着したとき、産気づいた。見知らぬ土地での突然の出来事。途方に暮れていると、温かい手を差し伸べてくれたのが駅職員だった。

うた子さんが連れていた三歳の子供を背負い、苦しむうた子さんを励ましながら、病院に着いたのは午後九時すぎだった。

しかし、病院にはだれもいない。職員は自宅に連れて帰り、近所の女性の

駅舎内の案内は、レトロ調の文字で書かれている

心温まるエピソードを作った誇りの鏡

コラム 門司港レトロ

一八八九年（明治二十二年）、門司の港が開設されると、中国大陸との貨物船が頻繁に往復するようになり、瞬く間に大貿易港として発展した。また、本州との玄関口としての重要な役割も果たし、官公庁も次々に開設されていった。しかし、関門トンネルの開通、終戦、そして新幹線の開通と玄関口は門司、さらに小倉と西に移り、門司港は静かな街になった。一九九五年に地元、企業、行政が連携して「門司港レトロ倶楽部」が発足し、歴史的建造物を中心に地域活性化を推進するプロジェクトが展開された。現在は対岸の下関と連携し、多くの観光客を集めている。

適切な処置で無事に男の子が生まれた。

夫は遅れて朝鮮半島から引き揚げ、家族で無事に郷里の茨城県に帰ることができた。赤ちゃんには、出生の由来にちなんで左門司と名づけた。

元気に成長した左門司さんは、結婚式にこの職員を招いた。難航した恩人探しも、数々の人たちの善意で見つけることができた。「国鉄職員（当時）として当然のことをしただけ」と辞退したが、熱心な誘いで招待を受けた。

式が終わり、左門司さんの父がお礼に贈ったのが、この鏡だ。当時の駅長が、「国鉄職員の誇りである」として『誇りの鏡』と命名した。

人が行き交う駅にはさまざまなドラマがある。門司港駅の歴史ある建物に、幾多の人間模様が重なって見える。

博多駅中央口にあるルムシュッテルのレリーフ

九州鉄道建設の父

明治時代の鉄道黎明期には、東海道線が英国式、北海道が米国式、そして九州はドイツ式で建設された。地域によって違いが出たのは、当時、鉄道の先進地だった欧米各国が、日本に鉄道の売り込み合戦を展開したからだ。

今日、日本が韓国や中国に、新幹線をはじめとした高速鉄道のセールスを行っているのと同じである。

九州鉄道の建設に活躍したのがヘルマン・ルムシュッテルというドイツ人技師だった。ベルリンの鉄道局に勤め、数々の鉄道を建設した。

ドイツ国鉄機械製作局長兼材料局長の時、九州鉄道から招かれて顧問となった。一八八七年（明治二十年）から一八九四年まで日本に滞在。堂々たる体格の紳士で、好物のビールを毎日一《ダース》飲み、妻となった日本人女性と仲良く暮らしたという。

なんとも豪快なエピソードがある。ルムシュッテルが住んでいたのは、福岡市の住吉神社境内の空き地に、九州鉄道が建てた木造二階建てのしゃれた洋館だった。屋敷裏には建設中の線路があり、彼は自宅前まで機関車を迎えに来させて、出勤していたというのだ。

だが、住吉神社裏に線路は見当らない。一九六三年（昭和三十八年）の博多駅移転で、南側のルートに変更されたからだ。

技師であるとともに経営にも能力を発揮、助言を与えた。九州鉄道の黄金時代の基礎を作った恩人として、「九州鉄道建設の父」と呼ばれた。今もその功績をたたえるレリーフが博多駅にある。

九州の中心駅である博多駅は、夜間でも乗降客が絶えない

開業当時の博多駅。当時の人々の話題に上るモダンな造りであった（平原健二氏所蔵の絵ハガキから）

コラム 櫛田神社の霊泉

博多祇園山笠で有名な櫛田神社には、鶴の井戸といわれる不思議な霊泉がある。案内板にはこの霊泉をいただくには、一口目に自分の不老長寿を、二口目に家族の不老長寿を、三口目に親戚縁者の不老長寿を念じて飲むように書いてある。しかし、この霊泉はナトリウムを含んだ塩水で、お世辞にも美味しいとは言い難い。かつては櫛田神社近くまで海岸線があったといわれ、その名残であろうが、埋立などにより現在ではずいぶん海岸線が後退しているので、内陸部となったここで海水のような水が湧いているのが不思議で、まさに〝霊泉〟と呼ぶにふさわしい。

「ハウステンボス」号として活躍する783系。デビュー当初からは想像もつかないほどカラフルな塗装になった

783系特急電車

一九八七年（昭和六十二年）、国鉄は分割民営化され、JRグループが発足した。

しかし、車両の面から言えば当初は旧国鉄型しかなく、JRのロゴマークを貼《は》り付け、あるいは塗装変更を行った程度で、国鉄時代となんら変わりなかった。

翌一九八八年、JRグループで初めて製造された特急電車が、JR九州の783系といわれる車両だった。当時の九州内は時速一二〇㌔運転が最高速度だったが、将来のスピードアップを考慮し、一三〇㌔運転に対応した車体で、出入り口は車両の中央部に設け、一両を半室に区切った構造となった。

当時はまだ珍しかったステンレスの車体はスピード感に溢《あふ》れ、国鉄型の特急電車の常識を打ち破るものだった。

コラム 駅弁の魅力

旅の楽しみの一つに〝食〟がある。駅弁がその代表だが、地域の特産を活かした食材に出会える。折尾のかしわ飯は有名だが、日豊線行橋のシャコ飯、別府・大分のアジ寿司、宮崎の椎茸弁当、鹿児島線では鳥栖のシューマイ、大牟田のタイラギ、鹿児島方面では特産の黒豚の素材を使った弁当、長崎の駅弁は出島をイメージした入れ物など、味だけではなく、見た目も工夫されている(写真)。人吉では球磨川特産の鮎をつかった鮎寿司と山の幸である栗弁当が楽しめる。しかし、最近は窓の開かない特急電車が主流となったため、窓を開け大声でホームの駅弁を買い求める姿は見ることができなくなった。

切妻構造の運転台が新設された783系

デビュー当初の783系。サイドの赤帯が特徴

グリーン車からの展望はこの車両の目玉だ

圧巻はグリーン車で、ダイナミックな展望と、座席には液晶テレビを備え、車内のデザインも洗練されていた。ソフト面では「ハイパーレディ」といわれる女性乗務員が乗車していた。

デビュー当時は西鹿児島（現鹿児島中央）行きの特急「有明」に使用され、783系が運用されていた列車は特別に「スーパー有明（のちにハイパー有明）」号と命名されていた。その後、長崎線の「かもめ」号にも使用された。

しかし、話題を集めた783系も、後の新型電車の製造により、影が薄くなった。現在、デビュー当時からは想像もできないほど塗装も変わり、博多と佐世保やハウステンボスを結んでいる。

それでも、鮮烈なデビューをした783系は名車と呼ぶにふさわしい。

佐賀平野を快走する「かもめ・みどり・ハウステンボス」号の三階建列車

三階建て列車

　JRがまだ国鉄の時代に、今から考えると様々なユニークな列車が存在していた。やや専門的な表現だが「多層階」と呼ばれる列車が多くあった。「二階建て」「三階建て」列車ともいう。

　一車両が家屋のように二階建てや三階建てになっているのではない。目的地の違う二本か三本の列車が連結されているのをそう呼んだのだ。

　現在でも博多—長崎・佐世保・ハウステンボス間を結ぶ「かもめ・みどり・ハウステンボス」号という三階建て列車があるが、国鉄時代には、他の鉄道会社の車両を連結した多層階列車も存在した。

　「かもめ・みどり」号の前身ともいえる急行「出島・弓張《ゆみはり》」号は、博多から「出島」号は長崎行き、「弓張」号は佐世保行きの気動車急行だった。この一部の

かつて国鉄線を乗り入れていた島原鉄道の気動車。国鉄線内は増結車扱いだった

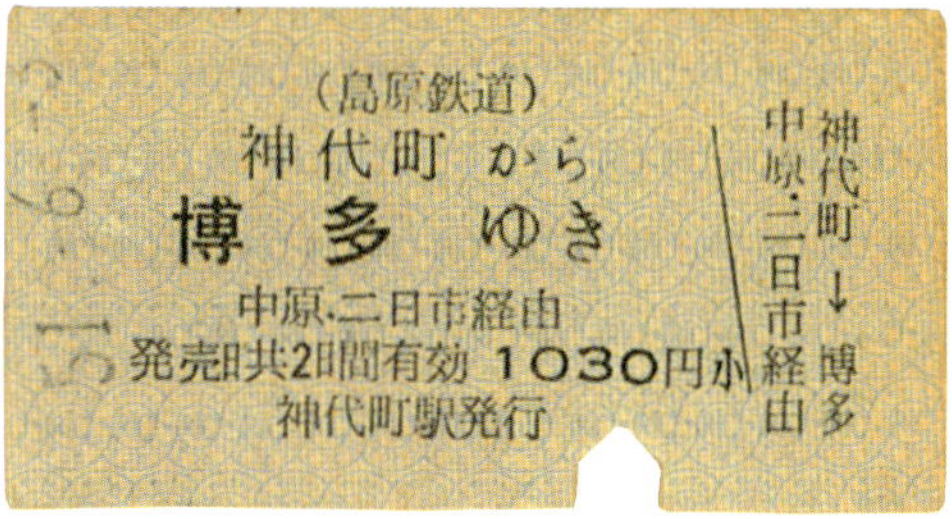
(島原鉄道)
神代町から
博多ゆき
中原・二日市経由
発売日共2日間有効 1030円 小
神代町駅発行
神代町↓博多
中原・二日市経由

島原鉄道の神代町駅から国鉄博多駅までの切符。今では珍しい他社線の相互乗り入れも一般的に行われていた（岡部弘美(故)氏蔵）

コラム　ねはん像

水の都として有名な島原の江東寺にねはん像がある(写真)。ねはん像とは、お釈迦様が沙羅双樹の下で、臨終の間際まで弟子たちを集め、説法をしている姿を模したものといわれている。ここ江東寺の像は、昭和三十二年、かつて島原城を築城した松倉重政、さらに島原の乱のときに幕府軍の総帥として攻撃に参加し戦死した板倉重昌を供養するために建立されたという。全長八・六メートル、高さ二・一二メートルのもので、足の裏には「仏足石」が刻まれ、頭部には信者による写経一万巻が収められている。

便の先頭に一両の島原鉄道の気動車が付き、長崎線の諫早駅から分かれて、約二時間自社線を走り、終点の加津佐まで結んでいた。

島鉄の車両には国鉄のように名前がないので、「増結車」扱いだった。このため、「出島・弓張」号と二階建て列車に聞こえても、実際には博多発の下り列車の場合、長崎・佐世保・加津佐行きの三階建て列車だった。車両は国鉄の気動車に比べても遜色《そんしょく》はなく、もちろん冷房も完備されていた。この列車は、博多から島原温泉に乗り換えなしで直行できるというメリットがあった。また観光地として有名な雲仙方面のバスとも連結し、結構人気があったらしい。

運行での制約が多い現在では考えられない古き良き時代の話である。

早朝の鹿児島線を走る「あかつき」号

あかつき3号のトリック

「こんなトリックはすぐ見破られる」と思いつつも、鉄道を題材にした推理小説にはついつい引き込まれてしまう。

西村京太郎の「寝台特急あかつき殺人事件」という作品がある。犯人がアリバイ作りに、新大阪と長崎・佐世保を結んだ「あかつき3」号を利用するのだが、福岡県の特徴ある線路事情がネタになって面白い。

下り列車は、門司駅で長崎行きと佐世保行きに分割されて、同じ名前の二本の列車ができる。長崎行きの「あかつき3」号は博多を経由して、鹿児島線を走る。一方の佐世保行きの「あかつき3」号は筑豊線経由となるのだ。

このため、切り離された佐世保行き車両は別の機関車が付き、引っ張ることになる。筑豊線は、この小説が書かれた当時は全線非電化だったため、電気機関車は走れない。先頭に「DD51」というディーゼル機関車が付く。しかし別々の路線を走るのはわずかで、筑紫野市の原田《はるだ》駅から、また同じ鹿児島線経由で長崎線を走ることになる。

だが、走行距離の違いなどにより、門司駅で一〇分遅れて出発した佐世保行きは、同一路線に戻って最初の共通の停車駅である佐賀駅では、二六分の後発となる。つまり、佐賀駅のホームにいれば、二六分の間に同じ名前の「あかつき3」号を二本見ることになる。小説では、それをトリックにしていた。

次の停車駅である佐賀県江北町の肥前山口駅からは長崎線と佐世保線に再び分かれ、それぞれの終着駅を目指すことになる。

便数減により現在は一往復のみ。筑豊線経由も廃止され、トリックは昔話になった。

〈上〉高速バス対策として登場したリーズナブルなレガートシート（座席車）の大胆な塗装
〈下右〉レガートシート車の内部。座席は３列でゆっくりしている
〈下左〉プライバシーが守られるA寝台個室。室内には洗面台もある

コラム　佐賀のクリーク

現在の佐賀市付近は、低平地における大雨による洪水、乾期の旱魃対策のため、網の目のようにクリークが発達してきた。かつては農業用水だけではなく、生活用水や飲料水としても利用されてきたが、農業の変化や都市化により、水質の悪化や放置などが目立ってきた。衛生上も問題があり、不要になったクリークの埋立も議論されたようだが、近年ではクリークの有効性を探っていく動きも活発化し、親水公園や都市部での水を活かした街づくりなど、再び脚光を浴びている。

架線下を走る気動車急行。「ひかり」号が活躍した頃と比べると気動車の働き場所も限られている

「ひかり」のルーツ

九州新幹線の開業で、九州南部にも超特急の時代が到来した。新幹線の名称といえば「ひかり」が代名詞といえるほど有名だが、実は新幹線に最初に付けられたものではなかった。ルーツは九州にあった。

一九五八年（昭和三十三年）四月に博多〜小倉〜別府間で運転開始し、五月からは豊肥線経由で熊本まで延長運転されたディーゼル急行が「ひかり」と名付けられていた。

この「ひかり」の成功で、蒸気機関車による牽引に頼っていた列車が飛躍的にスピードアップし、未電化区間に数々のディーゼル急行が運転される。「フェニックス」「日南」「出島」などで、九州はディーゼル急行の草分けとなった。

一九六四年十月一日、国鉄の最高技術を集めた東海道新幹線が走り始め、鉄道は新時代に入る。公募で付けられた愛称は九州を半周していた「ひかり」だった。名称を献上したとはいえ、九州のディーゼル急行から新幹線に大出世したのだ。

だが、さっそうと駆け抜けた急行列車の車両も、車体の高齢化に電化の進捗が拍車をかけ、次第に活躍の場が狭められた。晩年はローカル線の普通列車として余生を送った。

九州新幹線の愛称となった「つばめ」は一九三〇年（昭和五年）、国鉄の特急として誕生した。新幹線の博多開業により、いったん廃止されたが、一九九二年に個室や軽食堂車を備えた豪華な特急として復活、九州新幹線に引き継がれた。列車は変わっても愛着ある名称はしっかりと生き延びている。

九州における高速化の先鞭を遂げた「ひかり」号。蒸気機関車牽引と比べるとそのスピードは驚異的だった
(『鉄輪の轟き』より)

九州の人にとって高速列車の象徴であった「ひかり」の愛称は新幹線に引き継がれた

コラム　岡城跡

日本を代表する名曲「荒城の月」のモチーフとなった名城。源平の昔、源氏方として活躍した豪族緒方氏が、源義経を迎え入れるために築城したといわれている。その後、中世には志賀氏の居城となり、天正年間には島津軍三万七〇〇〇の大軍を、守兵僅か一〇〇〇名で守り抜き難攻不落の名城として有名になった。この戦いのとき、勇猛な戦いぶりを聞き及んだ豊臣秀吉は感状を与えたという。江戸時代、中川氏の入府で整備され現在の姿となった。中川公はなかなかの風流人で、絶壁に三日月型をくり抜き、火を灯して月見を楽しんだり、後の藩主は登山家として九重連山の登頂など、話題は多い。

写真は、豊肥線豊後竹田駅近くの岡城跡

ハチロク・8620型蒸気機関車

人吉市ＳＬ展示館に保存されているＤ51。この隣に並んでハチロクが展示されていた

一九八八年（昭和六十三年）から豊肥線の熊本－宮地間を結んでいた蒸気機関車「あそＢＯＹ」が二〇〇五年八月で運行を停止した。あそＢＯＹにとって二度目の退役だ。

「ハチロク」の愛称で親しまれたこの機関車。最初の引退は、一九七五年（昭和五十年）三月九日。一九二二年（大正十一年）に製造され、九州各地で活躍、それまでに約三三四万㌔、地球約八四周分を走っていた。引退後、熊本県人吉市の肥薩線矢岳《やたけ》駅構内に展示されることになったとき、同市と掛け合って、展示館建設を実現させたのが、矢岳駅前に住む得田徹さんだ。

元機関士の得田さんは、鉄でできているとはいえ、機関車は「生き物」ということを誰よりも心得ていた。雨ざらしだとすぐにさび付き、腐食してしまう。機関車の命を永らえさせるためには、屋根の下で風雨から守ることがどうしても必要だった。

それから十数年。ＪＲ九州に蒸気機関車復活の話が持ち上がり、このハチロクに白羽の矢が立った。得田さんのかいがいしい世話で、保存状態が他の機関車に比べて抜群に良かったためだ。

それを証明する一つのエピソード。現役復帰前の整備のため、ハチロクは、トレーラーでＪＲ九州の小倉工場に運ばれることになった。立ち会った得田さんは、車止めを外すことに反対した。展示館にわずかに傾斜があるため動く恐れがあったからだ。しかし、運送業者は「動輪がさび付いているから心配ない」と高をくくっていた。

作業に入ると案の定、ハチロクはゆっくりと動き出した。慌てて枕木をレールとの間に差し込み、事なきを得たが、得田さんが毎日油を差していたため、あっという間に息を吹き返したのだ。

阿蘇外輪山を登るハチロク。今では見ることのできない、懐かしい風景となってしまった（撮影・奈良崎博保氏）

〈右〉ハチロクに対する想いを熱く語る得田徹氏。ＳＬは生き物であるという元機関士の言葉には納得させられるものがある〈左〉肥薩線矢岳駅構内にある、人吉市ＳＬ展示館

約七〇年の現役生活を終える、ＪＲ九州唯一の蒸気機関車。「ご苦労様」とねぎらいつつも、残念でたまらない。

コラム　幻の兄弟鉄道

ＪＲ豊肥線立野駅から高森駅まで南阿蘇鉄道が走る。第三セクターの経営だが、元々は国鉄高森線だった。終点は高森だが、本来はＪＲ日豊線の延岡駅から延びてきた高千穂線（高千穂鉄道）と結ぶ九州横断鉄道の一部だった。阿蘇外輪山を貫くトンネルの異常出水、鉄道の斜陽化と沿線人口の減少で工事が見送られていた高森～高千穂間が未開通として残ったわけだ。宮崎県側の河内地区には駅建設の用地も確保され、路盤や鉄橋、トンネルの工事も進んでいた。開通していれば、南阿蘇が観光地として脚光を浴びているだけに、観光路線として利用客があったかも知れず、残念な〝流産〟だった。また東側の高千穂線も二〇〇五年の水害で甚大な被害を受け、廃止が取りざたされている。

写真は、国鉄高森線を走るＣ12（撮影・案田伸一氏）

ハチロクとペアを組んでいた50系客車改造の「あそBOY」専用車両

50系客車の車窓

二〇〇五年八月、熊本－宮地間と熊本－人吉間に運行されていた、九州唯一のＳＬ「あそＢＯＹ」が老朽化を理由に引退した。

このあそＢＯＹの「置き土産」が、ディーゼル機関車に牽引されて、いまも阿蘇路を走る客車三両だ。

三両は、あそＢＯＹが運行されるようになった一九八八年（昭和六十三年）、50系といわれる客車を大改造したうえ、あそＢＯＹ専用車両になったものだ。

50系客車は、もともと一九七七年（昭和五十二年）から製造されていて、自動ドアを採用したため、安全面が飛躍的に向上した。かつての客車の中には、ドアが開いたままになって走るケースもあり、危険と隣り合わせだったのだ。

塗装も「ぶどう色」から赤色に変わっ

写真は白川水源

コラム 南阿蘇の名水

日本名水一〇〇選に選ばれた白川水源は大変有名だが、水の生まれる里・白水村にはその他、熊本県選定の名水一〇〇選に選ばれた湧水が八ヶ所もあり、まさに名水の里と呼ばれるにふさわしい。西南戦争に出征した佐川官兵衛ゆかりの明神池名水公園や毎分五トンの湧水があるという塩井社水源などの大規模な湧水から、寺坂水源や吉田城献上汲場といわれる歴史的名水、あるいは現在でも生活用水として利用されている池の川水源や湧沢津水源など、様々な名水が点在し、水の里めぐりが楽しめる。また、美味しい水は食も育む。名水で打った蕎麦や田楽料理は絶品だ。

オリジナルの50系客車。赤い塗装から「レッドトレイン」と呼ばれた

「あそＢＯＹ」専用車両の内部。中央の車両には軽食コーナーも作られ、冷えたビールも味わえた

て、「旧型客車」と呼ばれた従来の客車に対し、「レッドトレイン」ともいわれた。

しかし、この50系客車も気動車や電車に取って代わられ、短命に終わった。

このような運命をたどった薄幸の50系客車の中にあって、三両はあそＢＯＹ専用客車に転身したがゆえに幸運だった。車内外ともアメリカ風に改造され、シートは一新された。車内の一角には軽食販売のコーナーも設けられ、冷たいビールも味わえた。

最大の売り物は車両の両端に展望室が設けられていたことだろう。機関車側ではＳＬの力強い勇姿が楽しめ、最後部からは雄大な風景が満喫できたのだ。

この魅力的な客車をもっともっと活用してすばらしい列車の旅をプレゼントしてもらいたいものだ。それが九州唯一のＳＬを退役させた側の務めだとも思う。

工場専用線を牽引していた機関車には最終日、関係者の手作りヘッドマークがつけられていた

セメント列車のラストラン

福岡県の筑豊地方を支えた石炭は、「黒ダイヤ」と呼ばれた。日本の近代化に欠かせない資源だったが、炭鉱の閉山後に脚光を浴びたのが、「白ダイヤ」と呼ばれる石灰石だった。

田川地区や近隣に豊富な石灰岩を原料にセメントが生産され、筑豊では石炭列車に代わって、多くのセメント列車が運行されてきた。しかし、その列車も田川市の三井鉱山セメントの解散により、二〇〇四年三月二十五日で最後を迎えた。

セメント列車は三井鉱山専用線－平成筑豊鉄道－JR筑豊線－鹿児島線を経由して門司港に向かった。

取材のため最終列車に同乗させてもらった。一九両、約一〇〇〇トンの貨物の先頭に立つのは、DD51というディーゼル機関車で、平成筑豊鉄道内を平野翼《たすく》、JR線を近藤豊の両ベテラン運転士が操った。

旧国鉄時代からお召し列車など大切な列車には、ベストなカマ（機関車）と運転士が抜擢されたという。二人は「勤務の偶然」と笑っていたが、光栄なことには変わりない。

かつて、舟で石炭を運んだ遠賀川に沿って門司港を目指すセメント列車。最後の雄姿を目に刻もうと、沿線では多くの人が見送っていた。

惜別に感無量となり、熱い思いが胸にこみ上げてきた。同時に、トラック輸送に換算すると五〇台近くを一度に運ぶ鉄道の効率性と、地球環境へのやさしさを実感した。「このまま片隅に追いやっていいものだろうか」と改めて考えさせられてしまった。

かつて石炭列車が行き来した平成鉄道(旧田川線)を貨車を従えて走る

運転士の視線から見ると、前方にはこのような風景が展開する

巧みなハンドル捌きで運転する
JR貨物・近藤豊運転士

コラム 青春の門

「香春岳は異様な山である……」で始まる『青春の門（筑豊編）』は戦後の筑豊を舞台にした名作だ。移り変わる激動の時代と、筑豊の人情と心意気を上手く表現し、名所や祭りも登場する。この中でも特に印象深いのが香春岳である。石灰岩でできた三山は平野より屹立し、標高の割には堂々として見える。古くは銅山もあり、地理的条件もあったが、古来より帰化人が住み、その優秀な技術で銅の精錬を行い、日本最先端のハイテク都市であった。炭鉱全盛時代は田川市の二本煙突と香春岳が筑豊の象徴となり、炭坑節にも歌いこまれた名山だ。石灰岩の採掘により年々その姿を変えてきたが、筑豊のシンボルには変わりない。

写真は、香春岳（右から一の岳、二の岳、三の岳）

自然と一体化した屋久島の森林鉄道

屋久島の森林鉄道❶

世界遺産に登録された屋久島には小さな「鉄道」がある。木材を運搬するために敷設された森林鉄道だ。鉄道法による鉄道の定義は「運賃をとって旅客・貨物を軌道を用いて輸送する」とあるので、厳密にいうと鉄道には当てはまらないかもしれない。しかし、総延長約二〇㌔、二四の橋と一六か所のトンネル、ポイントもあり、立派な鉄道だ。

一九二三年（大正十二年）に完成したこの路線は、年々延長し最盛期の昭和二〇年代には三〇㌔近くに延びたものの、森林伐採の終了とともに一九六九年（昭和四十四年）に廃止された。

しかし、線路はそのまま残され、苗畑地区から約一〇㌔は屋久島電工が水力発電所の維持管理用、荒川から約一〇㌔を屋久島森林管理署がパトロール

コラム 海上アルプス

屋久島は九州本土の最南端、鹿児島県の佐多岬の南南西約六〇キロに位置し、周囲約一三〇キロの円形の島だ。この島に、九州最高峰の宮之浦岳をはじめ、永田岳や黒味岳など標高一八〇〇メートルを越える山々がそびえ、海上アルプスといわれている。九州のさらに南に位置するからといって、容易な登山をイメージすると大間違い。標高が高いため、特に冬場の厳しさは格別で、体力や装備、経験や情報が必要となる。地形的要因で雲が発達しやすく、たっぷりと水分を含んだ雲は島に多くの雨を降らせる。渓谷や森が発達し、雄大な大自然は平成五年十二月、白神山地とともに世界遺産に指定された。

森林鉄道は登山道としても利用されている

沿線最大の集落であった小杉谷には小学校もあった。正面右側には校門跡もある

と森林維持のために再び利用するようになった。

荒川からは、屋久島登山道として登山客が歩く。軌道敷地が登山道で、実際に約三キロ線路を歩いてみた。途中にはトンネル、橋もあり、ここをトロッコで行き来できたらと思った。

途中の小杉谷には学校跡もあって、説明板には在りし日のトロッコが写真入で紹介され、生活の足として活躍したトロッコをしのぶことができる。沿線にはヤクシカの親子も遊び、自然の中に溶け込んだ鉄道を実感できた。

道路やそこを走る自動車だとこうは自然と一体化できないだろうと思う。同時に、鉄道が自然にやさしい乗り物だということを実感した。

終点の大株林道入り口には登山者用のトイレがある。汚物は環境維持のために、この森林鉄道が運んでいる。

南の島に鉄道の原点を発見した思いで、頼もしさと愛着を感じた。

「愛林」の高田社長と従業員のみなさん。自然に対する配慮に妥協することはない

屋久島の森林鉄道❷

屋久島に「愛林」という木材の伐採や森林管理を行う会社がある。林野庁職員だった高田久夫さんが退職後に独立して事業を起こした。

屋久島の自然をとにかく残したいという高田さんは、木材の運搬や作業のために、自動車に比べて格段に経費はかかるものの、自然にやさしい森林鉄道約七キロを管理している。

一九六九年（昭和四十四年）に役目を終えてそのままになっていた鉄道を、山奥の現場に向かうのに、毎日利用している。四五分程度かかるという。危険と隣り合わせの仕事に向かう高田さんには失礼だが、会社専用の「自社線」で通勤できるなんて、私にとってはうらやましい限りである。

この路線、登山道も兼ねているため、過去二年間で六～七回、登山者救助にトロッコを走らせたという。しかし、いずれも命にかかわる重大なケガではなかった。幸いなことであるが、鉄道があるゆえに頼り過ぎているのかもしれない。

自然環境が厳しい中の路線であるため、橋などの損傷も多い。しかし資材は限られており、知恵と工夫が要求される。橋桁の組み方にも地形に応じた工法が必要で、後継者育成が問題だが、なかなか育たないと高田さんは苦笑する。

「私ができなくなったら誰が鉄道を守っていくのだろうか」と不安な一面を覗《のぞ》かせた横顔が印象的だった。

新幹線などの最先端技術も鉄道の魅力の一つといえる。しかし、鉄道に対する愛着や自然にやさしく一体化した鉄道を屋久島で再発見し、違った魅力と大切さを再認識した。

小杉谷付近の分岐。左の線が「愛林」の管理する路線

屋久島では自然と動物と人間が共存している。森林鉄道沿線ではこのような風景が普通に見られる

コラム

日本最南端のＪＲ駅

ＪＲ指宿枕崎線に西大山駅という無人駅がある。ここはかつて「日本最南端の駅」として有名だった。多くの旅人が訪れ、バックに開聞岳の秀麗な姿を望むことができる西大山駅は、ポスターにも度々登場した。しかし、この「最南端の駅」というコピーも、沖縄にモノレールが開業したため、〝日本最南端のＪＲ駅〟となった。鉄道法によるとモノレールも立派な鉄道で、ゆいレールの赤嶺駅が日本最南端の駅になったためだ。しかし、西大山駅の人気は相変わらずで、訪れる人も多く、九州の有名な駅の一つである。通学時間帯には多くの高校生の利用もあり、実力も兼ね備えた駅だ。

〈右〉貨物用機関車の名機D 51。写真は香春～採銅所間　〈左〉セメントを満載した貨車を牽くD 51。築堤と鉄橋が望めるこの場所は撮影の定点であった（撮影・鶴我盛仁氏）

沖縄に贈られたD51

沖縄県那覇市の中心部に与儀公園という市民憩いの場がある。ここに、蒸気機関車が保存・展示されている。旧国鉄小倉工場で製作されたD51型222号で、一九七三年（昭和四十八年）三月、鹿児島港から那覇港に運ばれ、公園に設置された。そこに至るまでのとっておきのストーリーがある。

前年の一九七二年、国鉄の呼びかけで那覇市内の小学生七二人が門司鉄道管理局管内の職員宅を中心にホームステイした。本土復帰と国鉄一〇〇年の記念行事の一環で、当時鉄道のなかった沖縄の子どもに、鉄道を知ってもらう目的だった。

ホームステイした子どもたちが心を引かれ、夢中になったのが蒸気機関車だった。ホームステイが終わって、目を輝かせていた子どもたちの顔が忘れ

〈上・下〉那覇市民の憩いの場である与儀公園に展示されているＤ51。この機関車は国鉄小倉工場で造られたもの

コラム　泡盛の飲み方

沖縄といえば、なんといっても泡盛。泡盛菌という沖縄独特の黒麹菌でつくった米麹を発酵させ、蒸留してつくった酒。ウイスキーやブランデーと同じ蒸留酒だが、酒として飲まれ始めたのは一〇〇年以上も古く、蒸留酒の源流といわれている。三年以上熟成されたものは古酒（クース）といわれ、アルコール度数も三〇度から六〇度までである。強い酒だが、島人は飲み方を知っている。ヤマトンチュウのようにがぶ飲みするのではなく、度の強い泡盛はチビチビなめながら、水を飲む。私自身もこの飲み方を教わり、泡盛を味わえるようになった。国際大通りで〝小間物屋〟を広げたり、大きな声を出しているのは観光客で、沖縄の人は本当の酒の飲み方を知っているのだ。

られなかった門鉄職員有志は、仲間に呼びかけ、カンパを募った。引退した蒸気機関車をプレゼントするためだった。この運動は全国に広がり、目標額の一四〇〇万円に達した。

Ｄ51の重さは一二五㌧。無事、那覇に着き、一九七三年三月八日、国鉄九州総局長や国鉄職員、那覇市長、そして市内の子どもたちが見守る中、譲渡式が行われた。与儀公園内のレールの下には、沖縄を含む全国四七都道府県の石と土が敷き詰められたと記録に残っている。

台風五号の影響で風が強かった二〇〇五年七月十八日、与儀公園を訪れた。蒸気機関車は、いたずらが多いのか、フェンスに囲まれていた。中を見学するには、市総務課の許可が必要という。運転台には落書きがあり、フェンスの内外にはごみも。九州にゆかりが深く国鉄職員の熱意でプレゼントされただけに、ひっそりとたたずむＤ51が寂しそうに見えた。

沖縄の苦難を伝える「なは」

デビュー当日の「なは」号発車式の様子。西鹿児島駅（当時）のホームには人があふれ、期待の高さをうかがうことができる（撮影・ゆたかはじめ氏）

沖縄の戦後史の中で一番大きな出来事は一九七二年（昭和四十七年）の本土復帰だろう。

沖縄の人にとっても、また本土の人にとっても一日も早い復帰は悲願だった。そんな思いを込めて命名されたのが特急「なは」号。

一九六八年十月の旧国鉄のダイヤ改正で、大阪－西鹿児島間に新設された列車に登場した。同月一日、当時の西鹿児島駅では華やかな出発式が行われ、鹿児島市内の特設会場で琉球舞踊が披露されるなど「誕生日」にふさわしい行事が行われた。

沖縄は一九七二年五月、念願の本土復帰を果たしたが、「なは」は、当初はキハ82系という特急用気動車から、一九七三年には電車、さらに一九七五年には寝台特急になって昼行から夜行に変わった。

二〇〇四年三月十三日、九州新幹線の開業で、従来の鹿児島線八代－川内間が肥薩おれんじ鉄道の経営に移管したことから、「なは」は、京都－熊本間の運行になった。

関西から夜行で熊本まで行き、新幹線で鹿児島へ、さらに船に乗り換えて沖縄に行くのは、非現実的な行程だろう。そのためか、「なは」は、とりあえずは廃止を免れたものの、利用は低迷が続いているという。

「なは」のヘッドマークは南国をイメージした椰子《やし》の葉。だが、列車の内外にはそれ以外、沖縄を思わせるものは何もないのが残念だ。

車内に琉球音楽を流してみたり、泡盛の販売、さらには沖縄風のインテリア改造などが行われれば「なは」号が活性化するのではないだろうか。

沖縄の苦難の歴史を今に伝える列車だけに、元気になっていつまでも走ってほしいものである。

寝台列車の衰退にともない、本州内は「あかつき・なは」号として運転されている。
下関駅にて

コラム 守礼の門

沖縄の言葉で〝城〟を「グスク」と発音する。沖縄の首都ともいえる首里城は琉球王都として栄えたが、太平洋戦争の沖縄戦で破壊されてしまった。徹底的に破壊された城址は一九九二年に復元され、付近は公園として整備された。首里城の大手門ともいえるのが守礼の門で、沖縄の代表的な風景となっている。もちろん復元だが、その付近の石垣にも、元々残っている部分と復元した部分の注意書きが表示され、親切だ。守礼の門は二千円札にも描かれているが、本土ではなかなか目にすることはない。だが、沖縄ではさすが地元であるのか、手にする機会も多い。

リバイバル列車

「急行」の文字が誇らしげなリバイバル列車。終着の日田駅手前では特急との行き違いもあり、見せ場を作った

二〇〇四年八月七、八日、門司港駅から日田駅まで懐かしい列車が走った。九州鉄道記念館（北九州市門司区）開館一周年記念列車「甦《よみがえ》る！急行『日田』『はんだ』号」と名づけられた臨時列車だ。

使用された車両は「キハ66・67型」といわれ、一九七五年（昭和五十年）三月の山陽新幹線岡山－博多間開業に合わせ、筑豊を中心に投入された高性能気動車である。

三〇両しか製作されておらず、篠栗線の電化を機にすべての車両が長崎県内に転属し、第二の職場で頑張っている。二〇〇〇年を記念して、一号車だけが旧国鉄時代の装いに戻され、この一周年記念の「リバイバル列車」は長崎県内からの里帰りとなった。

当日は門司港駅長の発車合図で出発、

〈左〉門司駅ホームで駅弁の販売も行われ、古きよき時代の列車の旅を思い出すことができた
〈右〉彦山駅では「タブレット」と言われる通票の交換風景も再現された

かつてのＳＬの撮影の名所だった香春～採銅所間の第二金辺川橋梁付近を行くキハ66・67

炭坑節のふるさと、田川伊田駅に到着する列車。石炭列車で賑わった広大な構内は主要駅の貫禄がある

香春駅では子供たちの見送り、田川後藤寺駅では太鼓演奏、そして彦山駅ではタブレットといわれる通票（駅間の走行が許可される通行手形のようなもの）の交換再現など、多彩な催しが演出された。

車内では、往時の専務車掌が乗務、駅弁の販売も行われ、古きよき時代の雰囲気を乗せて列車は走った。沿線には、情報を聞きつけて集った鉄道ファンだけでなく、地元の人も詰めかけ、かつての急行の姿に懐かしさでいっぱいだったようだ。

この人気の高さに、自動車に押され気味とはいえ、輸送と地域おこしの主役は鉄道であることを実感した。次回はぜひ、ＳＬに登場願いたいものだ。筑豊には煙が似合っている。

コラム　杉の葉神輿　福岡県田川郡香春町採銅所に鎮座する古宮八幡神社は、奈良時代に書かれた延喜式にも記されている古社だ。同社は奈良の大仏の鋳造にも大きな役割を果たし、宇佐神宮の中央政界進出の原動力となった。古宮八幡が鎮座する香春岳は、古代の有名な銅山で、その採掘と精錬には、古代朝鮮半島から渡来した優秀な技術を有した帰化人の力なしでは不可能であった。その香春岳の守護神を祀る古宮の神輿は、屋根が杉の葉で葺かれた珍しいものだ。その珍しい神輿と、奈良時代より連綿と伝えられた神事の伝承を評価され、福岡県指定の無形民俗文化財になっている。

長崎支社所有のジョイフルトレインは車体一面に蛇踊りのイラストが描かれ、強烈なイメージだった。内装も長崎のイメージを取り入れ、洋風にまとめられていた

北九州支社の洋風気動車「ふれあい」号と和風気動車「BUNBUN」の併結。各支社がそれぞれのジョイフルトレインを持ち、百花繚乱の感があった

ジョイフルトレイン

貸し切り臨時列車の代表としてお座敷列車がある。旧国鉄時代から各地で活躍しており、座席を撤去し、畳を敷き詰めた車内にはカラオケも設置され、日ごろとは違った旅を楽しめた。

このお座敷列車は、東北のある駅の駅長が、年配の人が座席の上に正座しているのを見て思いついたといわれている。

JR九州が発足し、お座敷列車に加えて、非電化区間でも走れる気動車を改造した「ジョイフルトレイン」といわれる改造車が活躍。九州の各地の支社がそれぞれ工夫を凝らし、特徴ある改造車が登場した。

長崎は洋風の車内と車体に竜踊りのイラストが強烈な印象を与えた車両、大分は民話の「吉四六さん」をイメージし、半分を洋室、残りを畳敷きにした和洋折衷の車両。

北九州には気動車二両のお座敷仕様の「ＢｕｎＢｕｎ」号、もう一編成は洋風の「ふれあい」号など、個性あふれる列車が走り回っていた。そのほか、海の中道を走る白い気動車、トロッコ列車もあり、百花繚乱の感があった。

しかし、電車特急による高速鉄道網の整備により、幹線を走る定期列車の間に臨時列車を走らせることが困難になった。それに追い打ちをかけたのが車両の老朽化だった。当時、活躍した車両のほとんどが、今では廃車となってしまった。

事情もわかるが、個性あふれる改造車は列車の旅をいっそう楽しくさせてくれる。復活を望んでいるのは、私だけではないだろう。

九州に乗り入れたJR西日本の「フェスタ」号は、先頭車両の口かくというユニークなもの。香春～田川伊田間にて。後方は香春

お座敷列車の中では様々な楽しみ方ができた

コラム 肥前名護屋城

天下統一を成し遂げた豊臣秀吉が描いた野望が、朝鮮半島と中国大陸への進出だった。当時の日本の国力からすれば無謀に変わりなく、最初は優勢だった秀吉軍も泥沼化した戦場で苦戦の連続だった。朝鮮出兵の足がかりとして築かれたのが肥前名護屋城で、その規模は大阪城に次ぐものだったといわれている。秀吉の死によって戦いは終了し、荒れるに任せていた城跡も、過去の反省と未来の日韓関係構築のため、一九九三年佐賀県立名護屋城博物館が開館、整備され、見違えるようになった。戦いの時代の展示とともに、雨森芳州の外交の歴史、あるいは有史以前からの九州と朝鮮半島の交流も学ぶことができ、日韓の歴史を学ぶことができる。〈問合せ先〉佐賀県立名護屋城博物館 ☎0955・82・4905

行橋駅南の今川を渡る寝台特急「富士」号

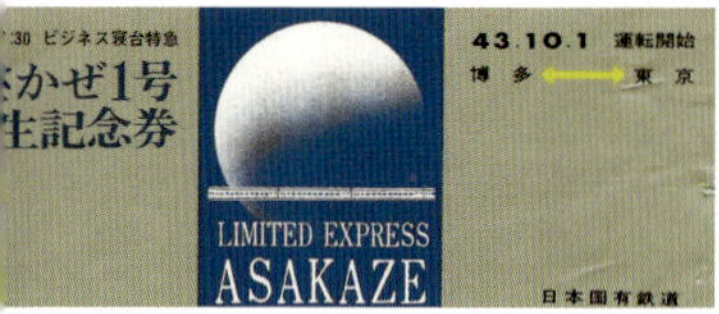

「あさかぜ」号誕生のときにつくられたパンフレット（岡部弘美（故）氏蔵）

長崎駅に停車中の寝台特急「みずほ」号と赤い塗装の「かもめ」号

寝台特急の今昔

二〇〇五年春、東京－下関駅間を結ぶ寝台特急「あさかぜ」号が廃止になった。「あさかぜ」号は、寝台特急の端緒となった記念すべき列車である。

戦後の混乱も収まりかけたころ、九州と東京を直通する特急を走らせることは、九州の国鉄マンにとって悲願だった。

一九五三年（昭和二十八年）には、博多－京都駅間に「かもめ」号が運転された。このとき、山陽路を八時間で運転する計画が具体化された。夕方、九州を出発し、山陽路を八時間運転すると、関西を通過するのはどうしても真夜中の時間帯になる。当時、京阪神を無視した列車を運転するなど問題外だった。

しかし、門司鉄道管理局（当時）が中心となり、関西圏の鉄道管理局と大激論の末、一九五六年の東海道線全線電化を機に、東京－九州間の直通特急が誕生した。

その第一号が東京－博多駅間を一七時間半で結ぶ「あさかぜ」号だった。当初は寝台車を主体に編成され、東京と博多を夕方に出発、大阪を真夜中に通過する初めての列車となった。

この「あさかぜ」号には利用客が殺到し、翌年には東京－長崎駅間に「さちかぜ」号、その後は「はやぶさ」号、「みずほ」号と次々に増発された。

これらの列車は、のちに客車も寝台専用のブルートレインといわれる豪華な編成となり、「走るホテル」と絶賛された。しかし、航空機や新幹線に利用者を奪われ、次々と寝台特急が廃止されていく。旅愁あふれる寝台特急の衰退は寂しい限りだ。

ローカル線の主力機関車として活躍したC 11。「シーのチョンチョン」という愛称で親しまれた（撮影・鶴我盛仁氏）

タンク機関車C11

「テンダー機関車」といわれる蒸気機関車は、長距離運転に備え、石炭と水を満載した炭水車を従えていた。しかし、バックするときは不利で、ターンテーブル（転車台）で前後の向きを変える必要があった。

一方、短距離運転や入れ替えなどに有利なのが、機関車と炭水車が一体となった構造のタンク機関車だ。バックするのに便利で、終点で方向転換の設備がないローカル線では重宝された。

だが、特急などの先端に立つことはなく、地味な裏方が多かった。そのタンク機関車の代表機であるC11に一時期、特急牽引という栄光の場があった。

一九六五年（昭和四十年）、東京からの寝台特急「さくら」号が、長崎と佐世保に行くことになった。途中、長崎行きと分かれた佐世保行きは、早岐《はいき》駅（長崎県佐世保市）の線路配置の関係で、進行方向が逆になる。

一〇キロ弱の距離のため、機関車を付け替えるわけにはいかない。そこで考案されたのが、C11の起用だった。早岐駅に着いた「さくら」号の後ろにC11が連結され、今まで引っ張ってきたディーゼル機関車は一番後ろから後押しで走った。

全国から煙が〝淘汰《とうた》〟されていた時期だけに、この特急は注目を浴び、各地から多くのファンが訪れた。だが、「C11特急」の栄光も長くは続かなかった。一九六八年には、ディーゼル機関車に代わりタンク機関車は姿を消した。

有明海を望む海岸線を走る「さくら」号。最盛期には10両を越えていた長大編成も、乗客減により晩年は短い編成となってしまった

さくら号のラストラン

二〇〇五年二月二十八日。東京に向けて、最後の寝台特急「さくら」号が九州から旅立って行った。

「さくら」号は、ブルートレインという動力を持たない客車で、機関車に引っ張られてきた。九州は交流、本州は直流で電化されているため、三種類の機関車が活躍した。九州用、境界の門司－下関駅間用の交流と直流を走ることができる特殊な電気機関車、そして本州用だ。

九州を走ってきた機関車を門司で関門専用に付け替え、下関でまた本州用の機関車を付け替えるという面倒な作業が続いた。JR発足後、関門間を担当したのがJR貨物だ。

最後の「さくら」号を引っ張る機関車に乗ることができた。運転室は思った以上に広く、スイッチ類は想像したよりも少ない。近代化されている証拠だろう。

　最後の九州路を惜しむかのように、「さくら」号は三分遅れで門司駅にやってきた。あわただしく機関車を付け替え、出発するとすぐに関門トンネルに入る。直流に切り替えるため、一瞬、電気がオフになる。関門海峡を通過する列車ならではだ。

　JR貨物の運転士・甲斐竜弘さんは「今日はたくさんお客さんが乗っているでしょうね。重たいですよ」とつぶやいた。廃止が決まった途端、連日満席状態だったという。

　これだけのファンに愛された「さくら」号。今までもっと利用してあげていれば、廃止にならずに済んだだろう。時代の流れとはいえ、失っていくものが持つ価値を多くの人が改めて感じたに違いない。

最後の上り「さくら」号を引っ張るＪＲ貨物の甲斐運転士

改築前の長崎駅。三角屋根が特徴だった

写真は、長崎オランダ坂

コラム 歴史の舞台・長崎

「さくら」号の終点だった長崎は、近代日本の幕開けとなった地だといえる。鎖国時代の日本において唯一開かれていた外国との窓で、特に幕末の頃は新しい文化を求めて、多くの人が長崎を目指した。維新の志士として有名な坂本龍馬もその一人で、亀山社中を設立し経済力を蓄え、大きく羽ばたいた地が長崎だ。その長崎の龍馬ファンが運営していた資料館・亀山社中も二〇〇六年三月閉鎖され、残念。龍馬が歩いたといわれる寺町や思案橋界隈は今でも当時の雰囲気が残り、散策にはお勧めのルートだ。

さよならＳＬ列車

旧田川線油須原～勾金間を走る 9600 型が牽引する貨物列車（撮影・案田伸一氏）

一九七四年（昭和四十九年）十二月二十二日、門司港駅を発車したのは、まもなく北部九州から現役を引退する蒸気機関車二両に引っ張られた「さよならＳＬ列車」だった。

列車が小倉駅を発車した直後、高架線上を追い抜いて行ったのは、翌年三月十日に開業を控えていた山陽新幹線の試運転列車だった。

蒸気機関車に引っ張られた列車は、筑豊線に踏み入れ、飯塚駅を目指して快走した。筑前植木駅を目前にした列車は、歩くような速度で走り、疑問に思っていたところ、頭上の新幹線と交差したのだ。新幹線と交差するための時間を調整していたのだ。この劇的なシーンは、現在でも語り草となっている有名な一場面だ。

この粋なシーンを演出した当時の関係者は、ずいぶん苦労したという。去り行くものと新しい主役との出合いを企画したものの、トラブルが付き物の試運転列車が、時刻通りに走る確証はない。

あらかじめ乗客には知らせたいが、新幹線にもし遅れが出れば演出が台なしになる。

しかし、トラブルもなく、二度にわたって新幹線と対面できたのだ。

筋書き通りとは、まさにこのことである。

新幹線の走る盛り土は、筑豊の象徴であるボタ山を崩して作られたものだ。全国でも例がなく、盛り土の沈下が懸念され、開業後の小倉－博多駅間では、トンネル区間を除いて徐行運転を余儀なくされていた。

その後、無事なことが証明され、晴れて時速二一〇㌔で突っ走れるようになった。子供のころ、祖父と一緒に乗った「さよならＳＬ列車」は、今でも鮮明に脳裏に焼きついている。

引退するＳＬと新幹線試運転列車が西小倉駅付近で併走した。筑豊線筑前植木駅付近でも２度目の交差が見られ、今でも語り草になっている有名な１シーン（撮影・奈良崎博保氏）

コラム 巌流島の決闘　宮本武蔵と佐々木小次郎の決闘は、吉川英治の小説により有名になった。真実のごとく語られている二人の決闘の場面だが、異論もある。美少年剣士のイメージがある小次郎だが、実際にはかなりの年齢だったらしい。また、越前の出身といわれているが、福岡県の英彦山という説もある。細川氏が豊前入国にあたり、元々の勢力であった佐々木一族を政治的に用いていたが、やがて台頭した佐々木一族の横暴が目に余るようになり、宮本武蔵という剣豪を使い、一族の棟梁である小次郎を、決闘に見せかけて暗殺したのが巌流島の決闘という説だ。佐々木巌流とも言われるが、岩流とも書かれ、英彦山の麓にある岩石山に関係が深いとも説かれている。

写真は、北九州市手向山公園の記念碑

鹿児島中央駅に到着する九州新幹線「つばめ」号

九州新幹線つばめ

南九州にも新幹線の時代がやってきた。新八代駅から鹿児島中央駅までが二〇〇四年三月に部分開業した九州新幹線「つばめ」が快走している。

開業前、博多駅から西鹿児島（現・鹿児島中央）駅を結んでいた従来の「つばめ」は、「リレーつばめ」と名称を変え、博多－新八代駅間の運転となった。

新幹線と在来線は線路の幅が違うため、直接、乗り入れることはできない。新八代駅では、新幹線ホームに在来線が乗り入れ、同一ホームでの乗り換えが可能となった。

結果からみれば、「こんなことか」と思われるかも知れないが、この乗り換えのシステムは実に画期的なことである。

指定席も、両方の列車の席番は基本的に同じになるように工夫されていて、

新幹線の乗換駅である新八代駅では、同一ホームで乗り換えられるため便利だ

新幹線と在来線は直角に交差している。下の在来線を走る列車は線路の状態を調べる軌道試験車

ホームでの移動距離が最短になる。JR九州の乗客への配慮が生んだ結果だろう。

白い車体は美しく、力強い。洗面所には、い草ののれん、日よけのブラインドは木製など、和風を取り入れた心憎いつくりになっている。

新幹線は滑るように発車し、やがて最高速度に達する。鹿児島中央駅まで四〇分弱。確かに速いが、トンネルが多くて、まるで「地下鉄状態」なのは残念だ。

在来線の美しい海岸線を楽しみながらの旅と引き換えに、時間を手に入れた。そこに一抹の寂しさを感じるのは私だけだろうか。

写真は、鹿児島県鰻温泉にある西郷隆盛逗留の記念碑

コラム 西郷隆盛の素顔

明治維新の功労者の中で、最も有名な一人が西郷隆盛だろう。西郷にはミステリーが付きまとっている。大の写真嫌いで、生涯のうち一度も写真に写らなかったといわれている。現在伝えられている最もポピュラーな肖像画は西郷の死後、キヨソーネという外国人の画家が描いたものであり、東京上野の銅像もこの肖像画を元に作られたが、除幕式に参加した夫人が「家の人はこげんな顔じゃなか！」と言った話は有名だ。西南戦争で没した西郷だが、生存も根強く信じられていた。来日中のロシア皇帝ニコライに警備の巡査・津田が切りつけた大津事件もその西郷生存説によるものだ。西南戦争で大きな功績を残した津田は、ニコライと共にシベリアから西郷が帰還すれば勲章も剥奪されると思い込み、ニコライに切りかかったといわれている。

ローレル賞

鹿児島中央駅ホームで行われた出発式の様子。左から４人目がＪＲ九州の石原社長

二〇〇五年九月二十五日のＪＲ鹿児島中央駅。九州新幹線「つばめ」に鉄道友の会から「ローレル賞」が贈られた。

ＪＲ九州の石原進社長が表彰を受けた。石原社長の晴れやかな顔がローレル賞の重みを象徴しているようで、「光栄の至り」と喜びを表現した。鉄道マンを代表する立場として栄誉だったのだと思う。

鉄道友の会は一九五三年（昭和二十三年）に結成された全国規模の鉄道愛好者の団体で、二〇〇五年一月時点での会員数は約三八〇〇人。

この会の主な活動事業の中に、毎年、優れた鉄道車両に対してブルーリボン賞とローレル賞の選定がある。

ブルーリボン賞は会員の投票で決定する。会員の多い首都圏で走る車両が

日よけのブラインドは、地元特産のイグサで作られたもの

洗練された「つばめ」号の車内

様々な工夫が施されている新幹線の足回り
（写真提供・ＪＲ九州）

白い塗装とフォルムが美しい九州新幹線「つばめ」号

どうしても有利となる。これに対してローレル賞は選考委員が車両性能などいろいろな角度から検討して、優れた性能を有する車両に贈られる。大相撲に例えれば「技能賞」のようなものだ。

つばめは、急坂の多い九州新幹線で、坂道での動力性能に優れ、地元特産のい草をトイレの暖簾に使用したり、木材を車内に多用して温かみを出すなどの点が評価され、晴れの受賞となった。

一般の人にはなじみの薄いローレル賞だが、ＪＲ九州の挑戦と新しい試みが評価された結晶として、ぜひこれを機会に知って頂きたいものだと表彰式に参加して改めて実感した。

表彰式の後には、つばめの発車式も行われた。晴れがましく、〝翔《と》ぶ〟つばめを見送り、頼もしく感じるとともに、一日も早い博多までの乗り入れを望んだ。

コラム 乙女の情熱

ＪＲ日豊線、別府駅の背後にそびえるのが鶴見岳という山。冬には霧氷、夏は別府の夜景が素晴らしく、ロープウェイも運行され、別府の観光スポットとなっている。この山には面白い昔話が伝わっている。乙女の山である鶴見岳をめぐって、男性的な祖母山と女性的な由布岳が争っていたという。秘術の限りを尽くし、心を射止めようとした祖母山だが、鶴見岳は美しい容貌の由布岳を選んだ。思いの叶った由布岳は、永遠に鶴見岳の横に寄り添うことができたが、恋に破れた祖母山は南に離れて座ることになってしまった。その時に流した涙が志高湖となり、恋の炎を燃やす乙女の山・鶴見岳の情熱が別府の温泉の源という。なんとも雄大でロマンチックな話である。

写真は、別府市の鉄輪温泉

日田彦山線の中心駅である田川伊田駅

筑豊の人情鉄道

一九八六年（昭和六十一年）に公開された「男はつらいよ」の第三七作「幸福の青い鳥」に登場したのが、日田彦山線田川伊田駅だ。

寅さんが筑豊を後にするとき、マドンナと粋な別れの舞台となった。駅の横には、炭坑節で有名な煉瓦づくりの「二本煙突」もそびえ、なかなかの風景。寅さんの映画とよくマッチしていた。

駅には出会いと別れ、ドラマがある。日ごろ、見慣れた地元の駅でも、映画に登場すれば、まったく違った雰囲気を醸し出すから不思議だ。

しかし、寅さんが乗った列車が走る日田彦山線の現況は厳しい。沿線の人口激減に加え、マイカーの普及による列車離れ。全国のローカル線が抱える問題が山積している。

寅さんがホームに立った田川伊田駅には、JR九州の日田彦山鉄道事業部がある。河津光博部長（当時）は地元出身で、日田彦山線には特段の愛着を持つ人だ。

鉄道に関心を持ってもらうため、数々の試みも行なっている。保育園児の体験乗車や、車内に掲示板を設け、沿線の子供たちの作品を展示している。

西田川高校美術部のボランティア活動で、駅に夢のある壁画も登場した。小さな試みのようだが、こんな努力と愛着が鉄道の活性化には不可欠だ。

筑豊を通り、北九州市と大分県日田市を結ぶ日田彦山線は、炭鉱の遺構や英彦山山麓など車窓の光景も堪能できる。「寅さんも乗った人情鉄道」の旅を、みなさんにもぜひ楽しんでもらいたい。

石炭記念公園に建つ坑夫の像。後方は香春岳

田川伊田駅

炭鉱のシンボルである竪坑櫓。田川伊田駅裏の石炭記念公園にある

コラム 川渡り神幸祭

田川市伊田に鎮座する風治八幡神社の初夏の祭り。毎年五月の第三土曜・日曜の両日、二基の神輿を先頭に一〇数台の山笠が彦山川を渡り、対岸のお旅所に一泊の後、再び川を渡り神社へ還御する。起源は古く、永禄年間から疫病平癒の祈願で行われたといわれている。炭鉱全盛の頃、もっとも盛んだったものの、閉山が進むと祭り自体も規模が小さくなっていった。しかし、近年関係者の努力により従来を凌ぐ規模の祭りに発展し、筑豊を代表する祭りとなった。福岡県五大祭りの一つで、福岡県無形民俗文化財に指定されている。

六郷満山の里、国東半島を走る特急ソニック

近代化とキツネのたたり

船乗りに代表されるように、交通関係に従事している人は、ゲンをかつぐ人や信心深い人が多い。自然相手の場合が多く、人間の力ではどうしようもない事故があるからだろう。

大分県臼杵市の下ノ江駅にはこんな話がある。一九一五年（大正四年）、日豊線は南にその鉄路を延ばし、同市内に臼杵駅とともに下ノ江駅が開業した。

だが、駅ができてから、自殺や事故が相次いだ。あまりに不幸が続くので、村人たちは気味悪がる。当時の武田一郎駅長も無視するわけにはいかず、別府市の有名な占い師を訪ねた。

占い師のお告げは、鉄道建設の際、稲荷神の使いのキツネの巣を壊したため、神に仕えることができなくなったキツネのたたりだという。にわかには信じがたいが、建設に携わった大分保線事務所に問い合わせると、切り通しを作るとき確かにその事実があったという。

駅員や村人が協議の結果、一九三〇年（昭和五年）十一月三日、構内に稲荷社を建設、村人も加わり、お祭りをした。それ以後、あれほど多発していた事故も皆無となった。

しかし、駅長も代わり、毎年の例祭を怠ったところ、すぐに構内で貨物列車が転覆し、死傷者が出るほどの大事故が起こった。これには駅長をはじめ、村人たちも驚き、以後十一月三日の例祭は欠かさず、今も鳥越稲荷として崇敬されている。

近代化に伴い、人間は自然や生き物を犠牲にしてきた。このエピソードは、現代にも通じる警鐘といえるのかもしれない。

新型特急電車の整備と平行して新型電車が登場、スピードも乗り心地も向上した

水の張られた水田と日豊線のローカル電車。行橋駅付近にて

路線名

九州を代表する鉄道路線は鹿児島線だ。九州新幹線の開業で八代－川内駅間は第三セクターになったが、門司港から鹿児島駅を結ぶ大動脈に変わりはない。

　この鹿児島線のように、鉄道路線には○○線と名前が付けられている。いわば氏名のようなもので、路線名を考えてみるのもなかなか面白い。

　まずこの鹿児島線だが、終着駅を路線名とした例であり、長崎線や佐世保線もこの例に当てはまる。ちなみに、鹿児島線の終点は九州新幹線の開業で鹿児島中央駅と改名された旧西鹿児島駅ではなく、鹿児島駅である。

　これに対して、途中の主要駅を路線名にしたのが、篠栗線や大村線、日南線など。これに終着駅をプラスしたのが、日田彦山線や指宿枕崎線だ。

始点と終点を仲良くミックスさせたのが久留米－大分を結ぶ久大線、都城－吉松間の吉都線。これが旧国名となると、豊前から日向の国を通る日豊線（小倉－鹿児島）、豊後と肥後を結ぶ豊肥線（大分－熊本）、肥後と薩摩の肥薩線（八代－隼人）など。

　地域名が路線名になったのが筑豊線。九州では珍しい例だが、全国的に見ると、東海道線や山陽線、山陰線、常磐線など歴史ある幹線が多く、筑豊線の貫禄をうかがうことができる。筑豊線は全国区の重要路線と位置付けられていたといってもいいだろう。

　日ごろ、何気なく目にする路線名だが、読み解いてみると、興味は尽きない。

下関市彦島にあるＪＲ西日本とＪＲ九州の境界を示す標識

ＪＲの境界線論争

一九八七年（昭和六十二年）、旧国鉄が分割民営化されて全国にＪＲグループが発足。ＪＲ九州が誕生し、本州の西側はＪＲ西日本になった。

関門海峡を挟んで門司駅と下関駅は別会社の駅になり、その境界をどこに置くかが議論の的となった。福岡、山口両県境である関門トンネルの中間点が会社の境と思われがちだが、そうではない。下関市の彦島付近で、下関駅構内といってもいいような位置だ。

つまり、関門トンネルはＪＲ九州の路線である。ＪＲ九州が下関駅近くまで進出して、一見、得をしているようだが、そう簡単なものではない。

海底を通る関門トンネルは老朽化し、維持費が年間一億円以上といわれている。この維持費をＪＲ九州が負担しなければならないのだ。境界線設定の時、関門トンネルは「九州の人が本州に行くために利用する」という理由で押し切られたという。

反対に、ＪＲ九州がどうしても欲しかったのが、新幹線小倉－博多駅間。この区間は当時、新幹線の一駅間の区間としては日本一の利用客がある〝ドル箱〟だった。しかし、結果的にはＪＲ西日本の路線となった。ＪＲ発足当時、境界設定ではＪＲ九州は分が悪かったようだ。

一九九〇年には、新幹線車両基地がある福岡県春日市に博多南駅が開業した。ここもＪＲ西日本の路線だが、駅にはＪＲ九州の職員がいて、いくらかは利益が入る仕組みになっている。このように、ＪＲの境界設定には、さまざまな事情が絡んでいる。

Ⅱ

歴史をものがたる鉄道遺産

現在は行き止まりとなっている長崎駅だが、かつては長崎港駅まで線路が延びていた

鉄道発祥の地

一八七二年（明治五年）十月十四日、新橋と横浜の間に汽車が走り、日本での鉄道の歴史が始まったといわれている。だが、その七年も前の一八六五年（元治二年・慶応元年）、長崎の大浦海岸に〝汽車〟が走ったという記録がある。

この隠れたトピックは一九二一年（大正十年）、門司で開かれた鉄道五〇年祝典記念講演会で、長崎高等商業学校（当時）の武藤長蔵教授が披露した。

演題は「本那鉄道史上第一頁《ページ》に記載されるべき事蹟《じせき》に就いて」。講演を伝える当時の新聞記事には、「我国の汽車の元祖を知らせた」「乗客が五六人」などリアルな記述があり、「古老の記憶」という書き方で、鉄道の発祥はわが九州の長崎ということを誇らしげに自慢している。

コラム ランタンフェスティバル

長崎は一五七一年の開港以来、外国との交流で栄えてきた街である。鎖国時代、唯一の外国との窓であった出島、東山手の洋館群、大浦天主堂など、数々の外国の風景を髣髴できるが、なかでも色濃いのが中国色であろう。新地の中国街には多くの華僑が住み、崇福寺やめがね橋、唐人屋敷跡など、交流の歴史を偲ぶことができる。このように異国情緒あふれる長崎において、中国の人たちが旧正月（春節）を祝う祭りを行なっていたものを長崎全体の祭りにしようと、一九九四年から規模を拡大したイベントが長崎ランタンフェスティバルだ。

期間中は新地中華街を中心に約一万五〇〇〇個のランタンが飾られ、華やかで暖かい光に長崎が彩られる。

〈問合せ先〉長崎総合観光案内所
☎095・823・3631

日本初の蒸気車が走ったといわれる長崎市大浦海岸

佐賀平野を快走する「かもめ」号

武藤教授が根拠としたのは、一八六五年七月二十二日発行の英国の新聞「レールウェイ・タイムス」に掲載された記事だった。後年、英国人のトムリンソン氏が発見し、武藤教授に伝わったとされる。

記事は、長崎市の外国人居留地だった大浦海岸通りに、「グラバー商会」が一時的に軌道を敷設したことを記していた。小型蒸気車を運転して客車を引っ張り、見物人に披露して、この蒸気車を上海（中国）で使用する予定だったという。このため、鉄道発祥の地は東京ではなく、長崎だと説く人もいる。

現在は埋め立てが進み、昔の面影はないが、最新鋭の「かもめ」号に乗り、鉄道発祥の浪漫を訪ねる旅もおつなものだろう。

下関駅横にある関門の車両航送を説明するレリーフ

貨車航送船発祥の地

JR門司港―門司駅間に小森江駅がある。かつて、この駅のそばからは、下関との間を結ぶ「航送船」という運搬船が就航していた。

航送船は、貨物を積んだ貨車をそのまま船に積むことができる設備を持っていた。航送を行う以前、九州と本州の間の荷物は、一旦駅で降ろし、船に積み替え、対岸からまた貨車に積み替えるという手間のかかる作業を続けていた。

一九一一年（明治四十四年）、貨車ごと載せる設備を持った航送船が就航した。自走設備を持たない艀《はしけ》だったが、一九一九年（大正八年）からは、エンジンを備えた大型船となった。

船の中央には線路が敷かれた。両舷には、Uターンの手間を省くため、前後どちらでも走れるようにスクリューではなく、水車のような推進装置がある「外輪船」だった。七～八両の貨車を運搬でき、それまでとは比較にならないほど便利になった。青函連絡船や、本州と四国を結んでいた宇高連絡線も関門方式にならった。

一九四〇年（昭和十五年）には、年間六万八〇〇〇回、輸送量も四一〇万トンに達した。しかし、一九四二年に鉄道の関門トンネルが開通、貨車も直通できるようになって姿を消した。

だが、航送船はもうしばらく活躍する。戦後、関門国道トンネルが開通するまでは、改造された航送船が海を渡ることができない自動車を運んだ。関門は日本における貨車航送船発祥の地といえるが、現在では知る人も少ない。

関門航送船（平原健二氏所蔵の絵ハガキから）

コラム 赤間神宮

今を去る約八〇〇年前、源平最後の戦いが関門海峡で起こった。敗れた平家は滅亡し、僅か八歳の安徳天皇も平家一門とともに壇ノ浦で亡くなった。その後、幼帝の御遺体を葬り、阿弥陀寺が建立されたが、明治政府の神仏分離令の際、赤間宮と称されるようになり、一九四〇年（昭和十五年）には赤間神宮と改称された。戦災により焼失した社殿も一九六五年（昭和四十年）には再建され、華麗で荘厳な社殿は〃陸の竜宮〃とも称えられている。耳なし芳一の話は有名だが、太閤秀吉とも係わりが深く、水天門下の大岩は、太閤岩ともいわれ、大阪城築城のために運ばれる途中、関門海峡に水没したものといわれている。

佐賀藩の手で製作された蒸気機関車の模型（写真提供・鍋島報效会）

日本初の蒸気機関車

一八七二年（明治五年）十月十四日、新橋－横浜間に日本初の鉄道が開業した。この時、先頭に立った機関車はイギリス製だった。当時の日本は、車両づくりから運転まで、すべてが外国の技術に頼っていた。

ところが、その一七年前の一八五五年（安政二年）、日本人の手で「蒸気機関車」が作られていたのだ。その引き金になったのは、さらに二年前。

長崎に寄港したロシア軍艦「ハルラータル」号の艦上で模型機関車の運転が行われ、それを見ていたのが、佐賀藩士の中村奇輔。彼は、煙を吐いて走る機関車に驚くだけではなかった。負けてなるかと、さっそく藩の精煉《せいれん》方挙げて、製作に取り掛かった。

二年間をかけて全長三九・七センチ、幅一四・三センチ、高さ三一・二センチの機関車を完成させた。ボイラーは鋳物、その他は真鍮《しんちゅう》製だった。

この成功の背景には、当時日本最先端だった佐賀藩の高い精錬技術と開明的な藩主の理解があった。

この蒸気機関車とともに、藩主の前で走る蒸気機関車の様子が描かれた「佐賀藩精煉方絵図」が鍋島報效会に残っているが、当時一八歳の大隈重信もこの中にいるという。

燃料はアルコール。しかし、藩の記録には「焼酎をたいて走る」とあり、いかにも九州らしくてほほえましい。

負けん気と独創的なアイデアで日本最先端の鉄道技術を確立した佐賀藩だが、幕末の混乱が原因なのか、ひな型の機関車のままで終わってしまったのが残念でならない。本格的なものができていたらと夢は膨らむ。

九州鉄道がアメリカに発注した豪華列車の中の食堂車。残念ながら活躍の機会がなかった（『九州の鉄道の歩み』より）

九州鉄道の豪華列車の伝統を受け継いだような、洗練された内装の「かもめ」号のグリーン車

国有化と幻の豪華列車

九州の幹線は明治期、「九州鉄道」という会社が中心となって敷設されていった。ところが、一九〇六年（明治三十九年）に公布された「鉄道国有法」は、九州鉄道も対象に含んでいた。

九州北部一円に鉄道網を持ち、経営は順調だっただけに、国有化には摩擦があったという。とはいえ、国策とは同社は国有化が決定したあとも、全列車に最新式のブレーキを装着し、大分県の柳ヶ浦－大分間の路線を延長、さらに門司から八代、あるいは長崎までの急行を運転するなど積極的な営業を展開した。

この中には、日の目を見なかった幻の豪華列車の計画もあった。九州鉄道は、展望車、食堂車、一等車、寝台車を含む五両編成を、米国のブリル社に発注したが、残念ながら到着は国有化後だった。当時の鉄道院は、九州鉄道の使用目的がわからず、各地の鉄道局にバラバラに分配してしまった。

一九一二年（大正元年）、東京－下関間に特別急行列車を運転するが、車両数が不足していたため、この新しい特急にも使用されなかった。一九三五年（昭和十年）に鉄道専門誌に紹介され、初めて九州鉄道の幻の豪華列車が一般に知らされたという。

JR発足後も、話題にのぼる列車を次々と運転して、JRグループをリードしてきたJR九州。新進気鋭だった明治の鉄道マンのDNAを受け継いだ結果なのかもしれない。

九州鉄道が、幻の豪華列車をどのように使う計画だったのか、興味は尽きない。

温泉《うんぜん》軽便鉄道

道路沿いにはプラットホームの石積が残り、当時を偲ぶことができる。木津駅跡にて

長崎県の橘湾に面した小浜温泉は雲仙の玄関口に位置し、古くから栄えた温泉地だ。

雲仙が最初に最も脚光を浴びたのは大正から昭和の戦前にかけて。第一期黄金時代といえるこの時期に、小浜温泉までの鉄道を建設しようという機運が高まり、一九二三年（大正十二年）に比較的平坦《へいたん》な愛野―千々石間（九・三キロ）が開業し、「温泉《うんぜん》軽便鉄道」と名乗った。

長崎に着いた上海航路の観光客を雲仙に運ぶために建設された「元祖リゾート鉄道」といえる。

温泉を「うんぜん」と読ませるのは、この地方では「温泉」を「うんぜん」というのが一般的だったからだ。

次に計画された千々石〜小浜間は山塊が海に落ちている難所で、難工事が

鉄道時代のトンネルもそのまま道路として使用されている。千々石〜小浜間で

駅跡には石造りの説明板があり、短命に終わった鉄道の歴史を辿ることができる

浜駅跡では説明板のほかは、当時を偲ぶものは残っていない

鉄道は橘湾沿いを走っていた。今まで残っていたなら、風光明媚な路線として人気が出ていただろう

予想された。温泉軽便鉄道は路線延長を躊躇《ちゅうちょ》していたが、小浜温泉の有志が「小濱鉄道」を設立、一九二七年（昭和二年）、苦難の末に千々石〜肥前小浜間を開通させた。

一九三五年には両社は合併して「雲仙鉄道」となったが、バスとの競争に太刀打ちできず、開業から一五年の一九三八年に廃止となった。

なお、肥前小浜駅は小浜温泉街よりも約二キロ手前に建設されたが、これは、資金難のため、温泉街までは到達しなかったという無念の歴史を持つ。

七〇年近く前の廃線となった鉄道跡であるが、現在でもかなりの部分を辿ることができる。駅跡には説明板が立ち、ホームの跡も残る。

短命に終わった温泉軽便鉄道。いにしえの鉄道跡を辿るのも旅の楽しみだ。

コラム 仁田峠　島原半島、雲仙岳の中腹に位置する仁田峠は観光の名所として古くから知られていた。一九五七年（昭和三十二年）に完成した循環有料道路やロープウェイで手軽に雲仙観光が楽しめるようになり、特に冬場の花ぼうろと呼ばれる霧氷や紅葉シーズンには多くの観光客が訪れる。しかし、仁田峠の名前を有名にしたのは一九九〇年に噴火した雲仙普賢岳の災害だろう。仁田峠は絶好の観測地点になり、自然の驚異を嫌というほど思い知らされた。災害の記憶も少しずつ薄れつつあるが、自然災害への警鐘と尊い犠牲があったことは風化させてはならない。

上山田線跡は、線路は無くなっているものの路盤は残り、線路跡が明確にわかる

上山田線沿いにあった炭鉱の巻き上げ機台座跡。石炭全盛時代には、昼夜を問わず長大な貨物列車が行き来していた

廃線跡

廃線跡とは、文字通りかつて鉄道が敷設されていた所である。石炭輸送のため、網の目のように鉄道が引かれていた福岡県筑豊地方だが、その使命を終えた路線が次々と廃止され、人々の記憶からも忘れられようとしている。

都市近郊の路線跡は住宅や道路に姿を変え、その痕跡さえも定かでない所もある。だが、郊外の路盤跡や鉄橋、トンネルなど、壊す手間と費用がかかる場所は、今もそのままの姿で残されているケースもある。

地図上で線路跡を辿るのも可能で、少し慣れれば細長く連続した線路跡や、要所で膨らんだ駅の跡が容易に判別できる。

稀な例だが、上山田線跡では、線路がそのまま残っている区間がある。自作のトロッコを走らせるイベントも行

才田駅跡にはホームはもちろん、屋根もベンチも残り、今にも列車がやってきそうな気がする

鴨生駅跡は鉄道公園となり、憩いの場となっている

写真は、香春岳一の岳山頂

コラム　白ダイヤと黒ダイヤ　筑豊地方は石炭という地下鉱物で結びついた地域だ。豊前の豊と筑前の筑を組み合わせた地名だが、その歴史は意外と新しい。石炭産業が国を支えるようになった明治から第二次世界大戦を挟み、戦後復興が成し遂げられた昭和三〇年代当初までが筑豊が一番輝いていた時期といえるだろう。石炭は筑豊に富をもたらし、〝黒ダイヤ〟ともいわれた。この黒に対する白が石灰石で、近代においてはセメント産業も盛んになり、白ダイヤといわれた。石灰石の山である香春岳は炭坑節にもうたわれ、白ダイヤ、黒ダイヤの象徴の山として筑豊のシンボルだ。

われており、全国の鉄道ファンの注目を集めている。

一方、都市部では、細長い土地は利用しにくく、遊歩道や下水の用地に姿を変え、駅の跡は公園として憩いの場となっている所もある。

地図やガイド本を手にした廃線跡散策では、トレッキングやオリエンテーリング、そして思わぬ発見という宝探しをミックスしたような喜びも体験できる。鉄道の一つの楽しみ方としてお勧めだ。

日ごろ、何気なく通っている道路、散歩している公園などがその昔、「ガタンゴトン」と車輪の音がしていたかもしれない。

上海航路の船と長崎港駅（平原健二氏所蔵の絵ハガキから）

長崎港駅

　JR長崎駅から大波止方面に向かうと、中島川に架かる橋の袂に、汽車の動輪と数㍍の線路が敷設されている。川には、鉄橋の橋台の跡も確認できる。

　一九三〇年（昭和五年）三月、長崎駅からさらに南に開業した長崎港《みなと》駅への線路跡だ。この駅は時代の流れとともに盛衰の歴史を刻んだ。

　一九二三年（大正十二年）、長崎から上海への航路が開設され、「長崎丸」「上海丸」という二隻の豪華客船が運航された。長崎港駅へは、これらの船に合わせて急行列車が走っていた。東京―下関駅間の特急「富士」と関門連絡船、急行を乗り継いで、上海から東京まで五四時間半で結ばれていた。

　昭和に入り、関門鉄道トンネルが具体化、長崎を欧州や大陸との窓口にする計画が本格化した。一九四二年（昭和十七年）に関門鉄道トンネルが開通し、特急「富士」が九州まで直通で走ることができるようになって長崎港駅まで乗り入れた。

　直通化で東京―長崎駅間の所要時間は二三時間半と記録されている。現在のスピードとは隔世の感があるが、当時の機関車の性能や路線の強度から考えると、驚異的な高速列車だ。

　一等、二等の寝台車はもとより、洋食の食堂車や展望車など、外国を意識した豪華な編成の国際連絡特急だった。このころが長崎港駅の最盛期で、国際色あふれた乗客や文化を運んでいた。

　しかし、太平洋戦争の激化で貨物輸送優先となり、特急は姿を消した。その後、駅舎はなくなったものの、線路はしばらく貨物線として利用されていたが、一九八二年（昭和五十七年）にひっそりと廃止された。

大浦海岸付近には橋台が残り、ここに線路があったことがわかる。遥か東京から下ってきた特急「富士」号も走っていたと思うと感慨深いものがある

写真は、長崎市内電車

コラム 市内電車　赤迫～正覚寺下（七・三キロ）赤迫～蛍茶屋（七・四キロ）正覚寺下～蛍茶屋（二・九キロ）石橋～蛍茶屋（三・五キロ）の四路線を持つ長崎電気軌道は一九一四年（大正三年）に創立、翌年十一月十六日より病院下～築町三・七キロで営業を開始した。途中、原爆という未曾有の災難があったが、見事立ち直り、現在では一日平均五万八〇〇〇人、年間二一〇〇万人以上を運ぶ観光都市長崎には欠かせない輸送機関となっている。一九八四年（昭和五十九年）以来、運賃は一〇〇円を維持し、市内の主な観光地はほとんど電車が利用できるので、観光客には人気だ。また、何度でも乗り降りできる「電車一日乗車券」は大人五〇〇円と大変割安になっている。

九州鉄道の足跡を偲ぶことができる茶屋町橋梁。独特の構造は歴史的価値があり、北九州市の文化財に指定されている

足立駅と大蔵線

小倉駅を中心とした北九州地区の線路の変遷には、目まぐるしいものがある。

江戸時代に小笠原一五万石の城下町として発展してきた小倉は、明治になってもその重要性は変わらなかった。

一八七一年（明治四年）に鎮台（陸軍）制が始まると、小倉にいち早く鎮台が置かれた。ほどなく熊本に移設されたが、一八九六年（明治二十九年）には第一二師団の司令部が置かれ、軍都としての性格がさらに強まっていった。

当時は軍部、とくに陸軍が鉄道に対して口を挟むことは常識だった。一八九一年に開通した小倉—黒崎駅間も、現在の戸畑ルートではなく、大蔵（現在八幡東区）経由の内陸ルートだった。これは敵艦からの艦砲射撃を恐れたためといわれている。

当時の九州鉄道は、人口が多く、輸送効率の良い海岸ルートの建設を熱望していたが、海岸ルートを嫌う陸軍は「仮線」としてしか認可していなかった。

九州鉄道は一八九九年、海岸ルートの本線昇格を出願した。認可された代替条件が、小倉に広大な敷地を持つ軍用停車場と路線の建設だった。ロシアとの関係に暗雲が立ち込めるころの話だ。

一九〇四年（明治三十七年）、日露戦争開戦二日後に「足立駅」が開業した。早速、小倉に駐屯していた第一二師団の兵士や膨大な物資の輸送をわずか一週間で完了し、その能力を遺憾なく発揮した。しかし、その後はほとんど使用されないまま、一九一六年（大正五年）に廃止された。足立駅は、現在の足立中学校（小倉北区）付近といわれている。

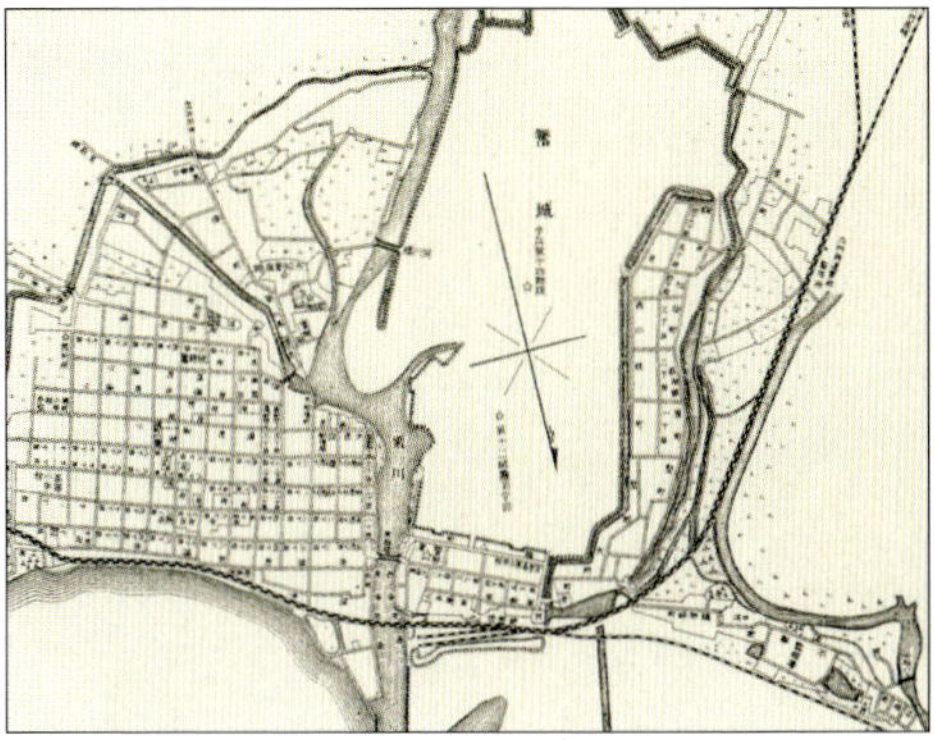

小倉城（北九州市）を避けるように敷設された線路（『鉄輪の轟き』より）

夕暮れの佐賀平野を走る普通電車

殿様への敬意

明治時代、文明開化の進展で、鉄道網が整備されていった。

九州でも現在の鹿児島線、日豊線、そして長崎線を中心として、枝葉が伸びるように路線の建設が進んだ。大きな都市同士は鉄道で結ばれ、便利になったが、小倉、博多、大分、熊本、佐賀などの大きな駅は街の中心部を離れた郊外に造られた。

これらの都市に共通している特徴はいずれも城下町で、街の中心部に、お城があったことだ。

この時代はまだ「殿様」への尊敬の念が色濃く残り、そのお屋敷であるお城の敷地はもちろん、近くに鉄道を通すことも、さすがに遠慮があったからだと思う。

佐賀駅を例に取ると、鳥栖方面からまっすぐに進んだ線路が、佐賀市街地の北の「へり」に沿って敷設され、駅は中心部の佐賀城からは、かなり外れたところに設置された。現在、駅正面を出て、まっすぐ南に一五分程度歩くと佐賀城址《じょうし》の濠《ほり》に出て、当時の市街地の規模がわかる。

ちなみに幕末の佐賀藩の精錬技術は日本最高の水準を誇り、その技術の粋を集めて製作された「蒸気車」の模型が鍋島報效会に残っている。

また、我が国の鉄道事業の推進に大きな貢献をした大隈重信も佐賀の出身。若き日の大隈は、この蒸気車を見て、鉄道に対する認識を深めたといわれている。

お城に敬意を表して迂回《うかい》し、郊外に設置された佐賀駅など主要駅だったが、結果的には鉄道の発展に大いに貢献した。広大な土地を利用できたため、鉄道の重要性が増すにつれて、駅関係の施設を充実させることができたからだ。

駅の名前

ＳＬ時代の撮影名所だった香春～採銅所間の第二金辺川橋梁を渡る日田彦山線の気動車

映画「青春の門」で全国的に有名となった福岡県・香春《かわら》岳の麓にＪＲ香春駅がある。一九一五年（大正四年）、小倉鉄道という私鉄の駅として開業した。

当時、香春町は田川地区の政治・経済の中心地であり、町内には郡役所も置かれていた。その時代、駅は勾金《まがりかね》村に位置していたが、香春町の中心部に近く、小倉鉄道としても香春駅と命名したかったに違いない。

しかし、同じ勾金村には、一八九五年（明治二十八年）に開業した国鉄田川線の香春駅があった（開業当時は豊州鉄道）。

いくら私鉄とはいえ、同じ村内に香春駅を二つもつくるわけにはいかず、小倉鉄道の駅は「上香春駅」と命名した。

一九四三年（昭和十八年）五月一日、小倉鉄道は国に買収され、国鉄添田線となった。この時を機会に、町の中心部に位置する上香春駅を香春駅、従来の香春駅を村名の勾金駅と駅名を変更した。

しかし、依然として駅の場所は香春町ではなく勾金村だったが、一九五六年（昭和三十一年）、香春町と採銅所村、そして勾金村が合併して新・香春町が誕生して、初めて香春町にある香春駅が誕生した。

駅名は町の顔である。豊肥線の豊後竹田駅（大分県）は、かつて駅名だけ「タケダ」と濁って発音していたが、一九六八年（昭和四十三年）、竹田市でＮＨＫのど自慢大会があった際、市名と駅名が違うことを指摘された。その後、駅名改名運動が起こり、後に市の呼び名と同じ「タケタ」と発音されるようになった。

駅名は地域を代表するものであり、命名には深い理由がある。

太刀洗駅旧駅舎を利用した平和記念館

戦闘機のある駅

佐賀県基山町と福岡県甘木市を結ぶ甘木鉄道は一九八六年(昭和六十一年)、旧国鉄甘木線を引き継いだ第三セクターの路線だ。

旧国鉄時代には、沿線にあるビール工場まで専用線が引かれ、貨物輸送で賑っていた。それに比べて旅客列車は、最も少ない時が一日わずか七往復で、当然、利用客は少なかった。

しかし、甘木鉄道に転換以来、昼間も三〇分ごとに列車が走るようになり、通勤通学時間帯はさらに増えた。平日は一日四〇往復を超え、以前とは比べものにならないほど便利になり、乗客も増えた。福岡都市圏に近い好条件とはいえ、列車本数が増えれば乗客増につながることが実証された例だ。

甘木鉄道が走る平野には、かつて東洋一といわれた旧陸軍太刀洗飛行場があった。この飛行場の玄関口が太刀洗駅だ。太平洋戦争末期には、特攻隊の若者を見送る多くの利用客があり、一日一万人以上の乗降客があったという。

同駅には、旧駅舎を利用した平和記念館がある。ここには一九九六年九月十日、博多湾の雁ノ巣鼻から南東約六〇〇メートル、水深三メートルの海底で発見、引き揚げられた旧陸軍九七式戦闘機が展示されている。沖縄特攻を命じられ、旧満州公主嶺から鹿児島県の知覧飛行場に向かう途中、雁ノ巣沖に不時着した渡部利廣陸軍少尉(鳥取県淀江町出身)の機体だった。搭乗席に残されていた、箸箱から判明したという。

甘木鉄道は、鉄道の持つ使命と平和の尊さを思い起こさせてくれる。かつて別離の涙を運んだ鉄道も、今では明るく軽快なレールバスが走る。

九州鉄道記念館に保存されているC59

C59型蒸気機関車

C59型の蒸気機関車は一九四一年（昭和十六年）五月、一号機がつくられた。長さ二一メートル強、重量約一三七トン、最大一二九〇馬力。時速一〇〇キロのスピードが出せる幹線用の大型旅客機関車で、一七三両がつくられた。

とくに、九州に縁が深いのがトップナンバーの一号機で、戦前は名古屋機関区に所属し、東海道線の特急を引っ張っていた。

この機関車は終戦前日の一九四五年（昭和二十年）八月十四日、米軍機の機銃掃射に遭い戦傷を持つ〝つわもの〟である。当時の機関助士・稲垣信夫さん（愛知県在住）は傷を負いながらも、九死に一生を得ている。

戦後、電化が西進するとともに姫路から門司、そして熊本と転属してきた。一九六五年（昭和四十年）九月三十日、寝台特急「みずほ」の先頭に立ったのを最後に現役を引退した。

　速度と馬力を兼ね備えた同型機は昭和三十年代のある日、一度だけではあるが、博多を定刻遅れで発車した急行列車を引っ張り、折尾まで飛ばしに飛ばして三九分で到着した。これは現在の「ソニック」にはかなわないものの、快速電車をはるかにしのぐ高速である。

　力強いプロポーションは、貴公子という愛称にふさわしくファンは多かった。現役引退後は「準鉄道記念物」に指定され、国鉄（現ＪＲ）小倉工場前に保存されていたが、北九州市門司区の鉄道記念館開館にあたり、同館で展示され、子供たちのアイドルとなっている。

（問合せ先＝九州鉄道記念館☎０９３・３２２・１００６）

C59のダイナミックで美しい足まわり

急行「さつま」を牽くC59。下関駅で
（撮影・奈良崎博保氏）

コラム 九州鉄道記念館　九州鉄道の本社家屋を利用した鉄道記念館。九州鉄道は九州における鉄道の草分けとして、明治年間より各地に路線を延ばし、九州の発展に大きく寄与した。この九州における歴史的な建物をＪＲ九州が平成十七年に、多くの人に歴史を学んでもらい、鉄道に対する理解を深めてもらおうと整備したのが当記念館だ。門司港レトロ地区に位置し、門司港駅にも隣接しているという地の利があるとはいえ、予想を大きく上回る入場者があり、鉄道に対する関心の深さを改めて感じることができる。〈問合せ先〉九州鉄道記念館☎０９３・３２２・１００６

原爆負傷者搬送列車

大村湾沿いを走る大村線。有明海沿いを走る現在の長崎線のルートが開通するまではここが長崎線で、東京からの特急も走っていた

長崎原爆の日、一つの偶然で負傷者の搬送に活躍することになった列車があった。旅客用蒸気機関車の名機として有名なC51型に牽引された八両編成の長崎行き旅客列車だ。

この列車は、一九四五年（昭和二十年）八月九日午前十一時二分、長崎市浦上の上空で原子爆弾が炸裂したとき、本来は、ちょうど爆心地の真下辺りを運行しているところだったが、一五分遅れていたため、長崎市に隣接する長与町の長与駅に停車中だった。

同駅から爆心地まで約五㌔。列車は被害を免れ、列車の機関士らは、混乱の中で情報を集めた。すると、同駅から二つ長崎駅寄りの道ノ尾駅までは線路が使えることがわかった。列車は、ゆっくりとした速度で進み、道ノ尾駅に到着。同駅では機関士の判断で、機関車を最後部に付け替え、客車を先頭に、係員の誘導により、慎重に進んだ。

これは、線路が傷んでいるため、重量のある機関車が先頭で進むと、脱線した場合、取り返しがつかないことになる。しかし、客車なら脱線しても、切り離してそのまま放置すれば、列車は動くと考えたからだ。実に合理的で冷静沈着な機関士の判断だったのだ。

列車は途中で乗客を降ろした後、結局、道ノ尾駅のさらに長崎駅寄りの浦上川の手前五〇〇㍍の西町踏切付近まで進むことができた。

列車は、ここで負傷者搬送列車に変身。約七〇〇人近い負傷者を乗せ、負傷者は、諫早市の病院や大村線沿いの海軍病院などで、治療を受けることができた。この日だけでも救援列車は四本運転され、被爆者約二五〇〇人を運んだと記録にある。

〈上〉昭和20年、原爆で被災した直後の長崎市内を行く列車。撮影は当時の長崎地方裁判所所長・石田寿氏(ゆたか　はじめ氏の父)。被災した人々に、力強い汽笛は生きる希望を与えたという（提供・ゆたか　はじめ氏)

〈左〉救援列車第一号に乗務した佐藤ミチ子車掌
(『九州の鉄道の歩み』より)

コラム 偶然の出会い

沖縄在住のエッセイスト、ゆたかはじめさんは、那覇地方裁判所長、東京高等裁判所判事、福岡高等裁判所長官などを歴任、東京高等裁判所長官を最後に退官されたという経歴を持つ。しかし、ゆたかさんは現役時代の話はあまり好まない。大の鉄道ファンで、汽車の話をすると温和なゆたかさんの顔がますます好々爺になっていく。沖縄取材の際、ゆたかさんには大変お世話になった。初めてお会いしたとき、「原爆負傷者搬送列車」の記事をお見せしたのだが、なんとその列車にゆたかさんの妹が乗っていたという。父親が長崎の裁判所に勤務していたので被爆したという。列車の取り持つ不思議な縁を痛感した。

写真は、ゆたかはじめ氏（左）と著者。ゆいレール展示館で

お召し列車脱線の悲劇

事件があった当時の門司駅は、現在門司港駅として観光客が絶えることはない

引責自殺した清水正次郎の記念碑は、現在ＪＲ九州研修センターにある

　一九一一年（明治四十四年）十一月十日、九州の鉄道史を語るうえで欠かすことができない大事件が起きた。

　久留米を中心とした陸軍特別大演習のため、明治天皇のお召し列車が、門司駅（現門司港駅）から運転された。当時はまだ関門トンネルがなく、列車を構内に留置させ、時間になるとホームに入れ替える予定だった。

　明治天皇が乗船した船が下関を出港すると、入れ替え作業が始まった。現場責任者の清水正次郎・構内主任は、一世一代の大役とばかりに、誇りを胸に抱いて作業に専念した。何度も練習を繰り返し、寸分の不手際もない自信はあった。

　しかし、列車はポイントの上で脱線、大切なお召し列車は大きく傾いた。駅長以下、現場の大混乱は想像に難くな

お召し列車に専用車両は使わず、現役の車両を整備して使う機会も多くなった。写真は西九州の松浦線を走る気動車によるお召し列車（撮影・奈良崎博保氏）

い。懸命の復旧作業により、一時間二分遅れでお召し列車は発車した。

原因は、明治天皇が乗車する車両を覆っていたシートのひもがはずれ、風にあおられてポイントを操作するテコに絡まり、ポイントが転換されてしまったためという。偶然のいたずらだった。

清水主任は二日後、下関のトンネルで轢死体となって発見された。上司と妻に遺書を残し、引責自殺したのだった。この事件は明治天皇の耳にも達し、不問にするだけではなく、遺族を哀れみ、三〇〇円を贈られた。

まったく偶然の出来事とはいえ、職務への責任感が強い清水主任の話は長く伝えられ、後には北九州市門司区に記念碑が建てられた。

コラム 平家一杯水

日本史の上においても名高い戦いが源平合戦だろう。栄華を極めた平家も、移り行く時代の流れに乗れず、源氏によって滅ぼされた。その最後の戦いの舞台になったのが、九州と本州を分かつ関門海峡の壇ノ浦であった。海戦に長けた平家は決戦を有利に進めたが、源氏の総大将・源義経の斬新な戦術と潮流により次第に不利となり、敗れてしまった。最後と覚悟した武将や女官たちは自ら海に飛び込んだが、海岸に流れ着いたものは、目の前に流れる清水を末期の水とばかりにのどを潤した。しかし、不思議なことに海岸に湧く清水も、一杯は水だったものの、二杯目からは海水になってしまったという。この不思議な伝承の水こそ、今に残る平家一杯水である。

〈右頁〉遠く関門橋の夜景を望むことができる夜の門司港駅

〈上〉スイッチバックの駅、肥薩線真幸駅。真の幸せと読め、縁起物の入場券として人気がある

〈右〉前方の山越えに備え、真幸駅で小休止する「いさぶろう・しんぺい」号

第二山神トンネルの悲劇

悲劇は太平洋戦争の終戦から一週間後に起きた。一九四五年(昭和二十年)八月二十二日、鹿児島県吉松町の肥薩線第二山神トンネル——。

戦時中は本土決戦に備え、日本各地にも多くの部隊が配置されていた。とくに米軍の上陸が予想されていた南九州には、重点的に防衛陣地が築かれた。その陣地を守った将兵が、終戦で武装解除され、故郷を目指して続々と帰途についていた。

一日でも早く懐かしい故郷に帰りたい軍人たちは、駅員の制止も聞かなかった。列車は、屋根の上まで人が乗るような状態だった。定員の約一〇倍の人と荷物。信じられないような重量オーバーに、D51という強馬力の貨物機関車でも後押しの機関車を必要とした。

コラム 幽霊の掛け軸

人吉駅前から球磨川を渡り、まっすぐ行くと永国寺という古刹がある。ここには永国寺を開山した実底和尚が描いた幽霊の掛け軸が祭られている。謂れによると、近郷の名士が妾を囲ったが本妻の嫉妬に悩み、球磨川に身を投げて果てたという。やがてその怨念が幽霊となり、本妻を苦しめた。恐怖に怯えた本妻は寺に駆け込み、和尚に助けを求めた。和尚の前に現れた幽霊は、和尚から因果の道理を諭され、和尚が描いた己の醜い姿に驚き、和尚に引導を渡してもらい成仏することを懇願する。実底和尚の法力により成仏した幽霊は現れなくなった。今に伝わる掛け軸こそ、その幽霊の姿を描いたものといわれている。

真幸駅ホームには鐘がある。幸せを祈り、鐘を鳴らすと良いといわれている

車窓から望める復員軍人殉難碑。肥薩線の悲しい歴史の一つだ

吉松駅を発車した列車は、勢いをつけて急坂に挑んだ。本来なら克服できる峠との闘いも、石炭不足による質の悪い石炭のため、蒸気の上がりが悪く、列車はトンネル内で停車してしまった。

先頭の機関車こそトンネルを出ていたものの、客車と後部の機関車がまだトンネルの中に残されている。このままでは一酸化炭素中毒で人命が危ない。機関車は吉松駅に退行を始めた。

だが、トンネル内では息苦しさに耐えられなくなった軍人が、外を目指して吉松駅の方向へ歩いていた。そこに機関車が来た。吉松町の資料によると、死者四九人、負傷者五〇人余り。

一九六一年（昭和三十六年）、地元の婦人会の呼びかけで、線路沿いに慰霊碑が建立された。特別に徐行する列車の車窓から目にした悲劇の碑は、深い緑の木々に囲まれ、ひっそりとたっていた。

二股トンネルの大惨事

吹き飛んだ山の跡にできたV字の谷を行く気動車。山には木々が茂り、年々傷を覆い隠していく

終戦間もない一九四五年（昭和二十年）十一月、当時の国鉄田川線（現在の日田彦山線）のトンネルを舞台に大きな悲劇が起こった。

米軍の空襲が激化した一九四四年から一九四五年にかけて、旧日本陸軍は当時西日本一といわれた山田弾薬庫（現北九州市）の火薬をどこかに移す必要に迫られた。

目を付けたのが、田川線の終着駅、現在の彦山駅の南にある二股と深倉の二つのトンネル。当時の新聞記事によると、秘密裏に山田弾薬庫から高性能火薬約一四〇〇㌧が二股に八〇〇㌧、深倉トンネルには六〇〇㌧運ばれ、隠された。

やがて終戦。占領した米軍はすでに隠匿情報をキャッチしており、処理されることになった。処理といっても焼却処理である。

火薬の量や、火薬がトンネルのどの範囲にあったのか米軍がどこまで正確な情報をつかみ、どういう作業手順で処理を行おうとしたのか今となってはわからない。

テストも行わず、米軍将校の指揮の下、深倉トンネルに火が入れられ、作業はまずは順調に進んだ。米軍将校はそのまま小倉に引き揚げた。

悲劇が起きたのはその後。最初は不安がっていた住民が、安心して、彦山駅南の二股トンネルでの作業を花火見物気分で見ていたところ、午後五時過ぎ、大音響とともに山そのものが吹き飛んだ。

一九四五年十一月十二日。死傷者二〇〇余人、全壊家屋三〇戸、半壊三六戸と新聞にある。終戦から時間が経っていないためか、被災者の多くが女性や子供だったという。自らが勤労動員で火薬を運んだ人もいたという。

占領軍ゆえの横暴ともいえるずさん

〈上〉二股トンネルとともに火薬が隠されていた深倉トンネル。ここは燃焼処理が上手くいき、住民に危険な安心感を与え、二股トンネルの悲劇を大きくした
〈左上〉トンネル跡南側に位置している踏切は「爆発踏み切り」と命名され、正式名称となっている
〈左〉踏み切りの標識裏には「爆発」の文字が読み取れるが、確認するのも困難になってきた

な処理が悲劇を招いたともいえる。今年はそれから六〇年。風化させてはならない歴史だ。

コラム 彦山ガラガラ　言い伝えによると、今を去る約一二〇〇年前の文武天皇の御世に全国的な旱魃がおこり、天皇が英彦山に使いを出し雨乞いをしたところ、たちまち雨が降ったという。そのお礼に天皇は土でできた鈴一口を英彦山に奉納した。その後、鈴は行方不明となったが、後の世に肥前綾部（佐賀県中原町）の城主・奥平氏がそっくりのものを奉納したのが彦山ガラガラの起源といわれている。ガラガラはその大きな口で害虫を食べてしまうという信仰から、田んぼの水口（みなくち）に埋められ、農民に崇敬された。英彦山のある田川地方では、口だけで実行力の伴わない人を〝彦山ガラガラ　みなくち（水口）ばかり〟と多少の皮肉をこめて表現することがある。

ＪＲ小森江駅前にあるコンクリート製の構築物は、関門トンネル掘削時の試掘坑道掘削用竪坑。興味を示す人は少ない

シールド工法の様子
（『九州の鉄道の歩み』より）

関門鉄道トンネル

関門海峡は現在、鉄道トンネル、新幹線の新関門トンネル、そして国道トンネル（人道トンネルも含む）、そして関門橋の四ルートによって陸続きとなっている。

しかし、海底部の距離がわずか一キロ程度とはいえ、明治時代の鉄道黎明期の技術では、関門間を陸続きとすることは国家的な大事業で、数々の障害があった。当時の陸上輸送の主力は鉄道で、本州と九州の間を鉄道で結ぶという構想はかなり古くからあった。

一八九六年（明治二九年）、博多で第五回全国商業会議所連合会が開催された。その時、博多会議所から関門間の海底鉄道案が提案された。その後、同会議所は、正式に海底トンネル建設を政府に建議するとともに、国会にも請願した。

昭和15年頃のトンネル内部の写真
（『九州の鉄道の歩み』より）

貫通点の写真。ここで掘られた石は縁起物の「貫通石」として珍重された（『九州の鉄道の歩み』より）

これが関門トンネルの最初の構想で、具体化したのが、明治末期の後藤新平鉄道院総裁の時である。この当時、関門連絡の具体案は渡船、橋梁、そしてトンネルの三案だった。

数々の検討と調査が行われたが、軍部が「敵の攻撃目標になる」と橋梁案に反対した。「輸送力の増強」「天候に左右されない」「国防上有利」と軍部はトンネル案を支持、世論も同様で、国鉄は総工費一八一六万円（当時）でトンネル掘削を決定した。

早速、実測調査にかかったが、第一次世界大戦によるインフレと一九二三年（大正十二年）に起きた関東大震災などの影響で、一九二七年（昭和二年）の第五四回帝国議会で予算が削られ、関門トンネル建設は見送られた。結局、関門トンネルが開通したのは、この一五年後のことだった。

コラム 国防の最前線

日本のジブラルタル海峡といわれた関門海峡は交通とともに、戦略上の重要な地点であった。古くは神話の時代から、源平の戦い、そして幕末の長州と各国連合艦隊との海戦や幕府軍との激戦など、関門海峡の覇権を巡り、戦いの歴史でもあった。明治政府の発足で、国内の戦乱の恐れはなくなったものの、今度は新たに外国の脅威が懸念された。朝鮮半島や中国大陸からは至近距離であり、日清戦争当時までは外敵に備え、関門海峡が要塞化された。下関には要塞司令部も置かれ、東京湾とともに、国防の最重要地点でもあった。日清日露の勝利により、とりあえずは脅威がなくなったものの、要害にはかわりなかった。現在でも関門海峡を挟み、各地に要塞跡が残っている。歴史の生き証人として、長く保存してもらいたいものだ。

写真は、北九州市の手向山公園の照明台跡

モダンな造りの犀川駅駅舎

トンネル内の開業式

「一たび此《こ》の中に入れば、あたかも通風器中に在るが如《ごと》く、忽《たちま》ち三伏《さんぷく》の熱を忘れんとす」

これは一八九五年（明治二十八年）八月十七日付の「門司新報」に掲載された新聞記事である。

同十五日、豊州鉄道（国鉄を経て平成筑豊鉄道）の行橋－伊田駅間が開業したが、この年酷暑だったのだろう。現在のように冷房設備もない時代。そこで知恵を絞って発案したのが、トンネルの中での開業式だった。

来賓を乗せた祝賀列車は小倉から行橋、そして伊田駅に到着したが、列車はそのまま進み、しばらく先のトンネル内で停車、祝賀式が行われたという。

当時、伊田－後藤寺駅間は工事途中で未開通だったが、線路は敷設されており、暑さ対策のためトンネルを利用したというわけだ。

再び新聞記事に目を向けると、豊州鉄道社長のあいさつ、立食の宴、音楽隊の演奏、芸者のお酌の様子などが描写され、「歓声は随道《ずいどう》中の小天地に充《み》てり」とあり、トンネルの中のにぎわいが想像できる。

しかし、現在は列車を利用して田川伊田－田川後藤寺駅間を移動しても、トンネルは一つもない。新聞記事は虚偽だったのだろうか。

種明かしをすると、かつてトンネルが存在していた場所は旧田川市立病院下で、市道拡幅の際、トンネルを壊して切り通し（専門用語では切り取り）となった。一九四七年（昭和二十二年）ごろのことらしい。現在、市道から線路を見下ろすと、谷底を見るような深い谷になっている。

九州最古の鉄道トンネルを通過するＣ11牽引の列車
（撮影・案田伸一氏）

コラム　豊前国分寺

国分寺とは七四一年、聖武天皇の勅願により、全国六〇余国にそれぞれ建立された寺院である。今風の呼び名でいえば〝国立の寺院〟で、仏教だけではなく、学問、さらには政治や経済の中心地として権勢を誇っていた。律令制度の崩壊とともに、その権力は衰えていったが、なおも公立の寺院としての権威は保っていたという。豊前国分寺の命脈を絶ったのが豊後大友氏の侵攻で、天正年間、兵火によりことごとく灰燼に帰したという。しかし、往時の規模はないまでも江戸時代の元禄年間にほぼ復興され、シンボルとも言える高さ二三・五メートルの三重塔も一八九五年（明治二十八年）に建立された。

満開のレンゲ畑の中を走る特急「ソニック」号。モダンな車体だが、自然の中にも違和感なく溶け込んでいる

海軍航空隊時代の飛行場脇にある格納庫跡。戦争遺跡も現在は近代化遺産として文化財の対象となっている

ジェット機に道を譲る

太平洋戦争が激化した一九四二年（昭和十七年）、旧国鉄新田原《しんでんばる》－築城間（日豊本線、福岡県）の線路の東に、旧海軍航空隊築城飛行場が開設された。

築城駅から専用線が敷設され、航空燃料を満載した専用列車も運行されていた本格的な基地だったが、一九四五年の終戦で米軍が占領、築城基地にした。

とくに朝鮮戦争のときは、多くの米軍機が飛び立って行った。しかし、線路と滑走路があまりにも近いため、米軍によって列車は強制的に停止させられていた。

一九五四年（昭和二十九年）からは航空自衛隊の基地となり、さすがに米軍ほどの強権発動はできなかった。列車通過の合間に離着陸していたが、日豊線の複線電化の計画が持ち上がると

飛行場近くにある神社の燈籠には、機銃掃射で受けた傷跡が生々しく残っている

コラム 綱敷天満宮

九〇一年、菅原道真が任地の太宰府に赴く途中、暴風雨に遭い、椎田の浜に流れ着いた。そのとき里人は漁で使う網の綱を敷いて道真をもてなした。さらに里人は御所を造り、薄幸の道真を厚くもてなし、しばし休養をしてもらったという。後の九五五年、神託があり、この地に社殿を造営し、綱を敷いてもてなした故事に因み、綱敷天満宮と称されるようになった。一六三四年には、小倉藩主の小笠原忠真公、豊後日出藩主の木下延俊公が社殿を寄進し現在に至っている。道真にちなみ、境内には約一〇〇〇本の梅が植えられ、観梅時期には多くの参拝客がある。

大問題が起きた。

ジェット機の進入角度や滑走距離の問題から、電化のため常時架線を張ると、飛行機が架線に引っ掛かってしまう恐れがあるためだ。電化するなら線路ごと遠ざけて欲しいという。

関係機関が協議した結果、西側に迂《う》回《かい》ルートを建設することが決まった。だが、基地のために線路を遠ざけるなど、とんでもないことだと地元は猛反対。用地買収は困難を極めたが、一九六七年（昭和四十二年）十月一日の複線電化開業にどうにか間に合った。

新田原駅を発車した列車は大きく西にカーブ、築城駅の手前で旧ルートに戻る。旧ルートとは最大で約三〇〇㍍も離れており、ジェット機を避け、地上の線路が迂回したという全国でも珍しい区間となっている。

採銅所駅の除雪作業をする保線区員。現在までも語り継がれている豪雪の年だった（『九州の鉄道の歩み』より）

80センチの積雪を記録した香春町の採銅所駅

サンパチ豪雪のころ

暖冬が続く近年では信じられないような話だが、福岡県の北九州、筑豊地方が一か月近く、雪国になった年がある。「サンパチ豪雪」と命名された一九六三年（昭和三十八年）の大雪だ。

この年は元日から二十八日まで雪が降り、福岡管区気象台始まって以来の記録となった。現在でも雪が降ったとき、平地では県内でトップクラスの積雪量がある田川地区では、香春町の日田彦山線採銅所駅で、積雪が八〇ｾﾝﾁにも達し、ホームと同じ高さになった。自宅の屋根の雪下ろしの合間を縫って、駅の除雪作業の手伝いに駆けつけた住民もいた。当時の門司鉄道管理局管内だけでも旅客列車六二本、貨物列車六〇六本が運休し、その収入減が一億九〇〇〇万円、除雪費が二〇〇〇万円にも達し、大きな被害を受けた。

しかし、この大雪で喜んだのはスキー客や観光客。英彦山のスキー場には連日一〇〇〇人近くが押しかけ、一日平均二万円程度だった彦山駅の売り上げは一〇万円に上ったという。

一九六八年（昭和四十三年）の二月にも豪雪があり、日豊線行橋―新田原駅間では、電気機関車に引っ張られた旅客列車が立ち往生した。佐世保線の永尾駅でも電話線や通信ケーブルが雪で切れ、通信網が寸断されて列車の運転中止が相次いだ。

さらに降雪のすごさを物語る記録もある。一九二九年（昭和四年）一月二十二日付の大分県の地元新聞には、「豊肥線波野高原に九州初の排雪車動く」との記事がある。排雪車とはラッセル車のことで、九州でも東北の雪国さながらの風景が見られたのだ。

旧田川線（現在の平成鉄道）の見せ場の一つである今川橋梁を走るレールバス

犀川駅付近を走る平成鉄道のレールバス

平成筑豊鉄道の試み

平成筑豊鉄道は、旧国鉄田川線（行橋―田川伊田二六・三キロ）、伊田線（直方―田川伊田一六・一キロ）、糸田線（金田―田川後藤寺六・九キロ）を引き継いだ第三セクターの鉄道だ。

一九八七年（昭和六十二年）二月、これらの路線が、旧国鉄の第三次廃止対象路線になったのを受けて、一九八九年十月、発足した。当初は客足も伸び、黒字経営が続いて「三セク鉄道の優等生」といわれた。

しかし、沿線人口の減少による利用者減で、一九九九年度から赤字に。二〇〇四年三月のセメント列車の廃止が経営悪化に拍車をかけた。

この間、経費の削減はもちろん、収入増加のため、数々の試みも行った。読売新聞西部本社が提唱する「あすの筑豊を考える30人委員会（永末修策委員長）」の提言で実現した、「枕木オーナー」もその一つ。五〇〇〇円を出した人が枕木に自分の名を記すことができるというもの。車体に広告や幼稚園児の絵を張り付けた「ラッピング列車」も同委員会のアイデアから生まれた。

会社独自の取り組みもある。「車両運転体験イベント」だ。これは本物の列車の運転体験ができるもので、一回目が二〇〇五年六月二五日、金田駅構内で行われた。運転士指導のもと、約一五〇㍍の線路を往復するもので、約二分間とはいえ、貴重な体験ができる。二〇人近い参加があった。今後も当面、毎月第四土曜日に行うという。いずれも企業の収益改善に大きな貢献をするまでには至らないが、鉄道ファンの増加に手応えは出ている。（平成筑豊鉄道☎０９４７・２２・１０００）

〈上〉宜野湾市に保存されている県営鉄道の台車

〈右〉沖縄県営鉄道の列車と那覇第一高等女学校の生徒たち（ひめゆり平和祈念館蔵）

沖縄を走った「ケービン」

沖縄本島には戦前、鉄道があった。那覇を中心に、嘉手納、与那原《よなばる》、糸満、そして那覇港に延びる海陸連絡船の四本の線があり、その総延長は四八・三キロに及んだ。

経営は沖縄県で、「ケーベン」とか「ケービン」と呼ばれ親しまれていた。これは、線路の幅が国鉄の一〇六七ミリよりも、七六二ミリと狭い「軽便鉄道」だったからだ。

一九一四年（大正三年）、人口の多い那覇と主要港の与那原を結ぶ沖縄本島横断線である与那原線を手始めに、サトウキビ輸送のための嘉手納線が一九二二年（大正十一年）、そして南部の主要都市糸満に至る線が一九二三年開業した。

昭和初期には、沖縄県営鉄道を中心に、私鉄の馬車軌道や那覇市内には路

県営鉄道時代のレール。道路工事により発見されたものが「ゆいレール」展示館に保存されている

「軽便」の名前が残る物産センター。ここに駅があった名残だ

コラム 首里城

四五〇年の歴史を誇る琉球王朝のシンボルが首里城正殿。政務や重要な儀式を執り行うところで、中国の影響を色濃く受け、独自の文化を発達させてきた痕跡を見ることができる。その他、首里城城郭への入り口である歓会門や瑞泉門、広福門、時計の機能を持つ漏刻門などの門、正殿のほかに南殿や北殿などの建物を持つ。太平洋戦争沖縄戦ではここに日本陸軍が司令部を構えたため、猛攻を受け徹底的に破壊されてしまったが、近年復元され、首里城公園として沖縄の代表的な観光地となっている。

面電車も走り、「小さな鉄道王国」を形成していた。

そして戦争の時代。空襲、米軍の上陸により、順次運行できなくなった。しかし、ギリギリの時期まで職員たちは危険を顧みず、命がけで鉄道業務についていたという。

これらの鉄道は戦後、営業路線としては、完全に消滅したが、書類上は「廃止」ではなく「休止」扱いという。戦争という混乱を考えると、法的な廃止手続きをとる余裕などなかったのだろう。文字だけとはいいながら「鉄道」は生きているのだ。鉄道跡など県営鉄道の名残が保存されている沖縄を取材し、一番うれしかったことだ。

糸満市のひめゆり平和祈念資料館に一枚の写真があった。蒸気機関車をバックに女学生が写っている。軍需輸送にも利用されたのだろうが、鉄道は平和な時代にこそふさわしいものと実感した。

那覇市内に保存されている機関車は南大東島で使用されたもので、県営鉄道とは無関係なものだが、沖縄の鉄道遺物としては貴重なものだ

糸満線の弾痕

二〇〇五年七月十七日、スコールの中、沖縄在住のエッセイストゆたかはじめさんに案内してもらい、沖縄県営鉄道の痕跡を訪ねた。

中心駅だった那覇駅跡は現在バスターミナルになっている。駅の跡地が交通の要衝として活気ある姿を保っているのに安堵《あんど》する。

那覇中央郵便局近くの壺川公園には、造成中に発見された鉄道の跡が保存されている。傍らにはディーゼル機関車とレールが展示されているが、これは南大東島でサトウキビ運搬に活躍したもので、県営鉄道とは無関係だ。

糸満線（全長一五キロ、駅数一一）は、この公園近くの国場《こくば》駅で与那原線から分かれ、南下していた。国場駅跡の近くには煉瓦《れんが》でできた橋脚の跡が残っていたが、関心を示す人は誰もいなかった。

糸満線はかつて山川駅を過ぎると、大きく東に膨らんでいた。最短で目的地を目指すには全く無駄なルート。それは「幸之一カーブ」と言われ、大正年間に活躍した医師で政治家、大城幸之一（一八七九～一九三二年）の置き土産なのだ。人望も財力も兼ね備えていた人のようで、自分の出身地に鉄道ルートをねじ曲げることに成功した。「政治路線」ならぬ「政治カーブ」である。

旧糸満駅近くの照屋地区にはコンクリート製の橋の跡が残っている。糸満線最大の遺物だ。近寄ってみると無数の弾痕がある。ここで繰り広げられたのは、さぞかしの激戦だったのだろう。戦闘が瞼《まぶた》に浮かぶ。七〇～八〇歳代の地元の人は、線路のルートや乗った時の思い出を喜んで話してくれる。

沖縄の人の心の中には、鉄道は生きている。「線路を復活できないものだろうか」と、ゆたかさんとしばし語り合った。

〈上〉かつての糸満駅近くに残るコンクリート製の橋跡。糸満線跡を偲ぶことができる最大の遺跡だ

国場川近くに残るレンガ製の橋台。貴重な現存物なのでぜひ残してほしいものの一つだ

コラム ゆいレール展示館

日本最西端の駅・那覇空港駅と日本最南端の駅・赤嶺駅の中間に位置する、沖縄都市モノレール株式会社敷地内にある資料館。一階の展示コーナーには、ゆいレールの歴史とゆいレールの模型が飾られ、沖縄都市モノレールの全容が理解できるように工夫されている。二階のコーナーには、戦前沖縄に敷設されていた沖縄県営鉄道の資料とともに、鉄道愛好家であり、エッセイストとして活躍されているゆたかはじめさんのコレクションコーナーがある。

ゆいレール展示館☎098･859･2630

沖縄に鉄道復活

沖縄における最大といえる鉄道の殿堂である「ゆいレール展示館」

那覇市内を走るモノレール

　青いサンゴ礁や首里城を写した観光ポスターを見ても、沖縄への旅情は掻《か》き立てられなかった。理由は簡単。沖縄には鉄道がなかったからだ。

　しかし、書籍などで戦前には沖縄にも「軽便」とは言いながら、立派な鉄道が存在していたことを知り、居ても立っても居られなくなった。

　空襲と米軍の上陸による戦闘で多くが破壊されたことは想像できたが、鉄道は「線」である。乗車することはできなくても、せめて痕跡くらいは発見できるはずと沖縄に旅立った。

　那覇空港にはエッセイスト、ゆたかはじめさんが出迎えてくれた。ゆたかさんは東京高裁長官を退官後、夫婦で沖縄に移り住んだ鉄道ファンである。なぜ、沖縄に住んだかというと、沖縄の人に鉄道の持つ公共性や魅力を伝えたかったからだと言う。

　ゆたかさんが収集した沖縄の鉄道資料は都市モノレール「ゆいレール」の那覇市の本社展示館に展示されている。二階の資料の多くは、ゆたかさんの寄贈で、県営鉄道時代の貴重な写真や定期券もある。沖縄を訪れたときは、ファンならずとも一見の価値はあるお勧めの場所だ。

　レンタカーで鉄道の跡を探し、小さな痕跡でも発見すると喜びの声を上げる我々二人は、沖縄の人にはさぞかし奇異に映ったに違いない。

　那覇市内の車の大渋滞に巻き込まれて、「鉄道があれば…」と意見が一致するのも、鉄道への興味が「ほとんどビョーキ」の者同士の発想である。

　モノレールとはいえ、沖縄には鉄道が復活した。利用客の増加を強く願うばかりだ。

（問合せ先＝ゆいレール展示館☎098・859・2630）

Ⅲ

設備と技術

強固な路盤はスピードの向上と安全性を生んだ。宗像市の鹿児島線を疾走する新型電車

路盤

JR博多駅から長崎駅行きの列車に乗ると、鳥栖駅から長崎線に入り、佐賀平野を走る。広大な平野には、縦横に多くのクリークがあり、旅情を掻《か》き立ててくれる。

しかし、のどかな風景も、鉄道にとっては厄介な代物だった。軟弱な地盤は、路盤や橋梁の沈下が激しく、極端な表現をすれば、沼にレールを敷設するのと同じである。

明治の先人たちは、この悪条件にも知恵と工夫を重ね、鉄道建設を成し遂げた。沖積層で形成された地盤は、支持層までが約三〇メートルもある。今日なら、支持層まで達する杭《くい》基礎が一般的な工法だが、当時は技術、物資両面から無理だった。そこで工夫したのが「プランキング（planking）基礎」という工法だ。「敷板」のことで、田んぼの農作業で履く「田下駄《げた》」や「樏《かんじき》」の原理だ。杭を多数打ち込み、厚板を張り、木材は水に強い松を使用した。

現在は軽量化された電車が走るが、かつては重量級の蒸気機関車が貨物列車を引っ張り、負担が大きかった。しかし、過酷な条件と長い年月にも、路盤は耐えたのだ。

昭和四十年代、長崎線の複線工事が行われた。この際、工事を担当した下関工事局は、久保田－牛津駅間と牛津－肥前山口駅間に一二種類の試験路盤をつくり、沈下による変化を実験し、最適な工法を研究した。

特急「かもめ」号が時速一三〇キロで駆け抜ける佐賀平野には、鉄道建設技術の粋と、明治の知恵が秘められている。

〈上〉軟弱な地盤の上に敷設された長崎線は、技術の粋を集めて建設された

〈左〉長崎線の線増工事の様子。昭和43年、牛津～肥前山口間（『九州の鉄道の歩み』より）

コラム 中富記念くすり博物館

現在の佐賀県鳥栖市田代から基山にかけては、一五九九年（慶長四年）対馬藩領となった。江戸時代半ばには製薬産業が盛んになり、家々に薬を置き、一定期間の後、薬の置き換えと集金と行うという"田代売薬"で有名になった。これは現在にも通じる商法で、斬新なアイディアで多くの顧客を得ていた。しかし、この伝統の産業も近代化という流れの中、製法や道具類、そして文献も次第に散逸していった。これを憂いた久光製薬は先達の功績を称え、くすりの文化遺産を通じてくすりの産業文化を後世に伝えるため、創業一四五年の記念事業として博物館を建設した。館内には現代のくすりに関する情報と、「田代売薬」を中心とした日本のくすりの歴史資料や多数の珍重な生薬などの展示をしている。

中富記念くすり博物館☎0942・84・3334

古レールを柱として使用している下関駅のホーム

レール

鉄道を象徴するものとして、多くの人がまず思い浮かべるのがレールだろう。

レールの基準は一メートル当たりの重さ(キロ・グラム)で、例えば三〇キロ・グラムだと「30k」と呼ばれる。旧国鉄時代のローカル線に多く用いられていた「30k」、「37k」レールは駅構内の一部を除いてほとんど見かけなくなり、「40k」や「50k」が主流になった。新幹線や一部在来線では、「60k」が使用されている。

重いレールはスピードアップはもちろんだが、長持ちする。

長さは二五メートルが標準とされ、継ぎ目では伸縮の関係で少し隙間を作っている。この上を車輪が通過した時に「ガタンゴトン」と音がするわけだ。

しかし、最近は現場で溶接して、二キロ以上もある長いレールが敷設されて

50kレール(左)と40kレールの継ぎ目の部分。レールの厚さが違うのが一目瞭然だ

山間に敷かれたレールには頼もしさを感じることができる。JR後藤寺線筑前庄内駅付近

レールには記名されたものがあり、研究者や愛好家の間では貴重な資料となっている

いる。「ガタンゴトン」と音がせず、乗り心地に優れている。

レールの寿命は、車輪とこすれあう部分の摩耗が九ミリか、通過列車総重量の累計が六億トンといわれている。ただし、あくまでも目安であり、異常個所があれば直ちに交換している。

材質も炭素の含有量が多い優良なレールが最近作られているが、炭素含有量が少なかった大正期までは摩耗も激しかった。しかし、熱を加えれば容易に曲げて加工できるため、山口県のJR下関駅のホームの柱や跨線橋《こせんきょう》などに再利用されているものも少なくない。

人里離れた山中でレールを見れば頼もしく感じるし、レールが続く先や、通過する列車、運んだ人間模様を想像するといろいろな思いを掻《か》き立てられる。そんな線路にロマンを感じるのは私だけであろうか。

コラム 三角屋根の下関駅　かつては“馬関”といわれた本州最西端の駅。一九四二年に関門トンネルが開通した際、新築された駅舎は三角屋根を基調としたもので、当時としては斬新なデザインが話題となった。戦時中の下関大空襲にも生き残り、戦後復興の原動力として下関市民に大きな力を与えた。愛着を持たれた下関駅だが、二〇〇六年一月、放火により全焼、歴史的建築物がなくなってしまった。明治の開業時、列車の発着の際使用されていた振鈴《しんれい》といわれる大型の鈴が開業時より伝えられていたが、火災の際に行方不明となった。しかし三日後に瓦礫の下より発見され、木製部分は焼失したものの、金属部分は奇跡的に残っていた。不幸中の幸いであった。

新幹線と錯覚するような行橋駅のホーム。枕木が珍しくなるような日が将来くるかもしれない

線路の進化

線路といえば、一般的には鉄のレールのみを想像するが、レールを含めて枕木、道床《どうしょう》、路盤（土盛り部分）でできている。かつては、枕木に砕石（バラスト）の「バラスト軌道」が一般的だったが、最近は「スラブ軌道」という近代化された線路が普及してきた。

バラスト軌道は、路盤とレールの間にバラストを敷き、緩衝材としているが、スラブ軌道は、コンクリートでできた路盤の上に、スラブと呼ばれるコンクリート製の平面板を敷き、路盤とスラブの隙間《すきま》に緩衝材としてモルタルを注入したものだ。

枕木は必要なく、軌道の狂いも生じ難く、保守もしやすい。さらに軽量であるため、高架部分では橋への負担も少ない。在来線にもスラブ軌道が徐々に増えつつあるほか、高速鉄道に広く

ローカル線の線路も一昔前から比べると一段と進化し、安全性が高められた。ＪＲ日田彦山線・田川伊田〜一本松間

枕木が不要になったスラブ軌道

コラム 謎の遺跡・神護石

行橋市の郊外に神護石といわれる謎の遺跡がある。山を取り巻く石組みで、谷間には〝水門〟と呼ばれる排水口を供えた大規模な石垣が見られる。築造年代や目的も現在では定説もないが、最近の研究の成果で、北部九州を中心に分布している状況や、発掘調査による遺物の研究から朝鮮式の山城ではないかと言われている。行橋地方は〝美夜古〟と呼ばれ、景行天皇や仲哀天皇伝説もあり、古くより開けた地方であると推測できる。また行橋市を中心として、畿内地方に勝るとも劣らない巨大石室を有する古墳も多数存在し、古代において強大な勢力が存在していたことの証である。

使われており、山陽新幹線をはじめ、最近の新幹線には多用されている。

二〇〇四年十月の新潟県中越地震の際、新幹線車両が開業以来初めて脱線したものの、一人の死者も出なかったのは、頑丈なスラブ軌道のおかげだったかもしれない。

だが、敷設のコストが高く、砕石を高く積み上げたバラスト軌道に比べると、路盤とレールの隙間がないので、列車走行時の騒音や振動が大きくなるという不利な面もある。

一方、バラスト軌道も細いレールに木製枕木といった組み合わせから、重いレールに枕木はコンクリート製になり、「重軌条《じゅうきじょう》」といわれるようになった。線路の進化は、鉄道の安全性を飛躍的に高めている。

軌間が１ｍにも満たない森林鉄道。小ぶりとはいえ、立派な鉄道だ

ゲージ

線路の幅のことをゲージという。新幹線や西鉄天神大牟田線、関西の主な私鉄が使う標準軌（一四三五ミリ）、ＪＲ在来線などが用いる狭軌（一〇六七ミリ）などの種類がある。

欧米では標準軌が主流だが、明治維新後に鉄道敷設が検討された当時、資金がなかった日本は、線路幅が狭くて安上がりの狭軌を採用した。

だが、狭軌は線路幅が狭い分、その上に乗る車両も当然小さくなり、お客や載せられる荷物の量が少なくなる。さらに、車両の安定性が悪くなり、スピードも抑えられる。

明治時代以来、何度も狭軌から標準軌への「改軌議論」が行われたが、結局は実現しなかった。しかし、その夢は新幹線に生かされた。東海道新幹線をはじめ各新幹線は、標準軌で敷設されたため、時速三〇〇キロという速度を確保できたのだ。

九州にも新幹線の時代が訪れ、鹿児島中央駅から新八代駅まで「つばめ」が走るようになった。だが、狭軌である鹿児島線には乗り入れはできず、新八代駅以北は在来線の「リレーつばめ」に乗り換えとなっている。そんな不便さを技術革新がカバーしようとしている。違うゲージに乗り入れ可能な「フリーゲージ車両」が試作中だ。

日本の鉄道が標準軌で建設されていたら、今のように自動車に押されることもなく、鉄道事情もきっと変わっていただろうと、広いゲージの新幹線を見て感じるのは私だけであろうか。

〈上〉標準軌は高速と安全を可能にした。小倉駅に到着する新幹線

〈左〉軌間には様々な広さがある。同じ市内電車でも各地でそれぞれの軌道の幅が採用されている。写真は長崎の市内電車

コラム　地獄蒸　湯の街別府を代表する温泉の一つが鉄輪温泉。ここは昔から長期滞在の湯治客が多く、自炊宿が名物となっている。自炊のとき、一番活躍するのが地獄釜といわれる、天然温泉を利用した蒸し釜だ。源泉から吹き上がる蒸気を蒸し釜に引き込む構造で、なかなかよく出来ている。野菜はもちろん、海鮮類をざるに入れて少し待てばホカホカの蒸料理が出来上がる。シューマイやおこわ（こわめし）ももちろんでき、工夫次第では様々な調理が可能だ。

現在の特急は電車や気動車が主力となっているため、方向転換は昔話になってしまった

篠栗線で活躍する新型電車の運転席部分

日豊線椎田の海岸付近を走る特急電車

デルタ線

デルタ線とは三角線とも言い、列車の進行方向を変えるために三角形に敷設された線路のことだ。ギリシャ文字のデルタ（△）に形が似ているためにそう呼ばれる。

かつての特急列車は先頭に蒸気機関車、最後尾には展望車が連結されていた。途中の車両も座席が進行方向に向けて固定されていた。このため、終着駅に着けば列車全体の方向転換が必要となる。

しかし、転車台と呼ばれたターンテーブルで一両ずつ方向転換して編成を組み直すのは大変な作業となる。そこで工夫されたのがデルタ線だ。

デルタ線は既存の路線を迂回《うかい》して方向転換したところもあれば、その目的で線路を敷設したところもある。

博多駅の場合、一九五三年（昭和二

コラム 宇美八幡と子安の石

宇美八幡鎮座の地が、第一五代応神天皇生誕の地と伝えられている。境内には樹齢二〇〇〇年といわれる大木が生い茂り、「湯蓋の森」「衣掛の森」と名付けられ、神秘的な雰囲気が漂う。宇美八幡は安産の神として崇敬されているが、神功皇后が朝鮮出兵から身重ながら無事帰還され、この地で無事応神天皇を出産したという故事に因んでいる。「湯蓋の森」は応神天皇の産湯の折り、その枝が湯桶に蓋をしたように生い茂っていた姿からこの名が付けられたといわれ、もう一本の「衣掛の森」は産湯のときにご産衣を掛けられたことからの命名と伝えられている。その他境内には「産湯の水」「子安の木」など安産信仰の伝説が現在まで伝えられ、特に妊婦が境内に奉納された石を持ち帰り、無事出産後、名前を記した新しい石を奉納する「子安の石」信仰は有名だ。

気動車にも編成の前後に運転台があるため、方向転換が容易になった。由布院駅付近を走る特急「ゆふ」号

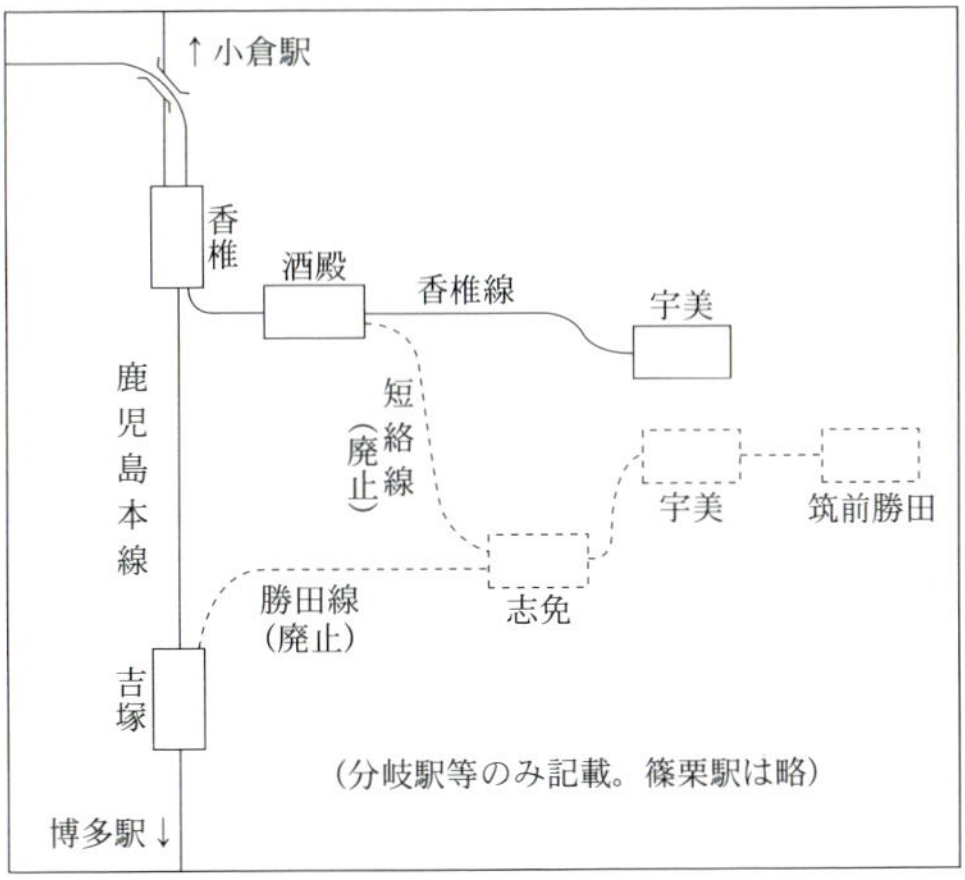

列車方向転換のデルタ線――座席が回転できなかった当時、博多駅に着いた下り列車はそのまま後進して香椎駅まで行きここから前進して酒殿駅を経て志免駅まで行く。ここから後進して吉塚駅を経て博多駅へもどると列車の方向が小倉方面に向かって前向きとなり上り列車として運行された。

十八年）から一九五八年まで特急「かもめ」が、このデルタ線による方向転換を行っていた。

勝田線（現在は廃止）の志免駅と香椎線酒殿《さかど》駅をつなぐ短絡線路を敷設、下り「かもめ」が京都駅から博多駅に着くと乗客が降り、バックで香椎駅まで戻る。ここから前向きで香椎線に入り酒殿駅から短絡線に入って志免駅へ。同駅から再びバックで吉塚駅を経由して博多駅に戻ると編成ごとの向きが変わっていることになる。

電車になって構造が変わり、方向転換の必要がなくなった現在では考えられない話だが、蒸気機関車や展望車などの客車が活躍していた古き良き時代のエピソードだ。

必要のなくなった短絡線が廃止されたのはもちろん、勝田線も廃止され、いや応なく時代の流れも感じさせられる。

東峰村のアーチ橋を渡る日田彦山線の気動車。急勾配の路線は強馬力の気動車にとっても難所に変わりない

坂道克服の知恵

日本の鉄道は坂道との闘い――といってもよいだろう。山岳地帯が多いわが国は、鉄道先進国の英国やドイツ、米国に比べて、建設に不利な面が多かった。

摩擦の多い路面をゴムタイヤで走る自動車に対して、鉄のレールの上を鉄輪で走行する列車は摩擦が少なく、坂道が大敵だからだ。

峠越えの建設にあたり、無闇やたらに急坂をつくるわけにもいかず、特殊な例を除いて、一定の基準が選定された。

単位には、一〇〇〇分率で勾配《こうばい》率を表す「‰（パーミル）」が使われる。例えば、三三・三‰ならば、一〇〇〇メートルの距離で約三三メートルの高低差があるというわけだ。

最近の電車や気動車は、軽量化と高

JR日田彦山線・彦山駅で峠越えに備え小休止する蒸気機関車（撮影・鶴我盛仁氏）

JR日田彦山線・呼野駅にもかつては急勾配対策でスイッチバックの設備があった

コラム　謎の間歇《かんけつ》冷泉

北九州市小倉南区の山中には、不定期に水位が増減するという不思議な泉がある。この現象は江戸時代から知られていて、潮の満ち干に合わせて水位が変化すると考えられていたため、〝満干〟と村名が名付けられていた。最近の調査により、謎が少しずつ解明されつつある。付近は石灰岩地帯のため、山腹には鍾乳洞の存在が推測できる。洞内が満水になると泉に流れ出し、空気が混入してくると自然と止まる。鍾乳洞も単純なものではなく、サイフォンのようなものが内部にあるため、複雑な出水があるのでは、とも推測されている。不定期に出水したり、季節によって違ったり、依然謎は多い。このような間歇冷泉は全国にほんの数箇所しかない大変貴重なものだ。

出力で峠越えをものともしない。しかし、蒸気機関車が引っ張る列車に乗り、上りに差しかかると、途端に速度が落ち、坂道を実感できる。

明治の鉄道マンたちは、限られた勾配の制約の中で、坂道を克服するため、数々の知恵を絞った。トンネルはもちろん、折り返して勾配を上るスイッチバックや、大きなカーブで円を描きながら上っていくループ線の建設だ。

かつては、日田彦山線呼野駅（北九州市小倉南区）にもスイッチバックがあったが、列車の高性能化によって廃止された。しかし、阿蘇や霧島の麓には、今でも大規模なスイッチバックやループ線がある。

明治の先人たちの知恵と努力で切り開いた鉄路の上を、今でも走っていると思うと感慨深いものがある。

複線断面の金辺トンネルは着工時において、日本最長の複線断面トンネルであったという

幻の大トンネル

北九州市と大分県日田市を結ぶ日田彦山線（城野－夜明）の北部分は「金《き》辺《べ》鉄道」という私鉄として建設された。この時、最大の難工事が、一八九七年（明治三十年）に着工された、呼野（北九州市小倉南区）－採銅所（福岡県香春町）間の金辺トンネルだった。

香春町までは複線として計画され、トンネルや鉄橋の橋脚はあらかじめ複線サイズで建設された。当然、金辺トンネルも複線サイズとして掘削が開始されたわけだが、全長一四四四メートルは着工時、複線サイズのトンネルとしては、わが国最長の長さを誇った。

しかし、予想以上の難工事の連続と資金難が重なり、金辺鉄道は一九〇〇年に経営破綻してしまった。

後を引き継いだのが小倉鉄道で、放置されていたトンネルの工事を一九一二年（大正元年）に再開し、一九一五年、単線で開業した。

工事中の一九一三年十一月三十日には、トンネル内で落盤事故があり、六二人が生き埋めとなった。うち五人は女性作業員で、救助作業の結果、翌日には五六人が無事救出されたが、一人は遺体で発見され、残る五人は行方不明のままだったという。

複線用の大きなトンネルに単線のレールが走る現在の姿は、複線で計画され、単線でしか開業できなかった歴史が一目で分かる。

しかし、九州に着工時のみとはいえ、「日本最長の複線トンネル」が存在していたことは郷土の誇りだ。鉄道にかける先人の思いを尊び、歴史的遺産を後世に伝えていくのも鉄道ファンの使命であると思う。

九州最古の石坂トンネル（田川郡赤村）の完成直後の写真

〈下〉油須原～崎山間の今川橋梁を渡る9600型。貨物輸送が減少した頃は、機関車のみの単機回送がよく見られた（撮影・案田伸一氏）

コラム 隠し金山伝説　北九州市小倉南区と田川郡香春町の境を成す峠が金辺峠だ。「きんべ峠」ではなく「きべ峠」と呼ばれる。太宰管内誌という江戸時代の書物には「木辺峠」と記されているが、いつしか金辺峠といわれるようになった。ここには興味ある伝説が伝えられている。江戸初期、ここを治めていた細川の殿様が熊本に国替えとなった。当時、峠の付近は金の産地で、大量の金を産出していた。豊富な金で仏像を造り、峠の茶店の老夫婦に管理を託していたが、金の仏像を置いて行くわけにもいかず、殿様と一緒に熊本に行った。その夜から殿様と茶店の夫婦の枕元に、峠に帰りたいと仏様が夢枕に立つようになったという。金の仏像を返すわけにもいかず、木仏を刻み入魂して金辺へ送ったのが、今に残る金辺観音といわれている。戦後まで金の採掘が行われた峠にふさわしい伝説だ。

平成鉄道のレールバスが通過する石坂トンネル。断面の広さがよくわかる

幻の複線化遺産

平成筑豊鉄道の行橋―田川伊田駅間は、もともと筑豊の石炭を北九州方面に運ぶために敷設され、豊州鉄道として一八九五年（明治二十八年）に開業した。

　この鉄道には九州最古の鉄道トンネルがある。源じいの森（赤村）―崎山駅（犀川町）間の石坂トンネルだ。明治二〇年代は九州でも鉄道建設ラッシュで、現在の鹿児島線や日豊線が次々と開通を迎えたが、トンネルに関しては石坂トンネルが九州における第一号となった。

　このトンネルは、現物を見ると少し不思議な形をしている。通過する列車の幅に比べて、トンネルの幅が広すぎるのだ。将来の複線化を見越し、手間のかかるトンネルや鉄橋の橋脚を先行投資して、あらかじめ複線のサイズで建設したためだ。後に日田彦山線の開通や筑豊線の輸送力増強により、複線化が実現しないまま、現在に至っている。

　この未完成の複線は、内田三連橋という煉瓦橋にも痕跡が見られる。複線化の際に幅を広げなくてはならないが、接続面が凸凹の方が平面より強度が増す。片面だけ凸凹がある「ゲタ歯」といわれる独特の煉瓦橋は、未完成の複線の遺物といえる。

　石坂トンネルと内田三連橋は一九九九年、その価値が認められ、国の登録有形文化財に指定された。

　今では、人口激減と鉄道離れにより、平成筑豊鉄道は苦しい経営を強いられている。だが、貴重な地域の足として、これからもぜひ頑張ってもらいたい。

〈上〉下と同じ内田三連橋だが、将来の拡幅を念頭に置いた「未完成」側。凸凹のレンガが特徴となっている

〈左〉内田三連橋の「完成」した面。切石も綺麗に加工され、美しい仕上がりとなっている

コラム　**今川の河童伝説**　福岡県行橋市の今川流域には昔、たくさんの河童が住んでいたという。今川の河童は力も強く、悪戯好きで村人にいつも迷惑をかけていた。ある日、村に住む力士に相撲を一番取ってほしいとせがんだ。知恵のある力士は一案を思いつき、相撲は神聖なものだから、一番では駄目だ、三番勝負にしよう。それと礼儀を重んじるものなので、相撲をとる前には必ず一礼をしないといけないことを条件に承知した。納得した河童だが、一礼のため頭を下げた時、皿の水が出てしまい、慌てたところを力士は陸に向かって投げ飛ばした。「陸へ上がった河童」とはよく言ったもので、河童は力が抜けてしまい、二度と悪さをしないことを誓ったという。

釈迦岳トンネル

釈迦岳トンネルを抜け、夕暮れの筑前岩屋駅に到着する気動車

　東北地方の仙台から山形市の羽前千歳を結ぶ仙山線という五八・〇キロのJR線がある。この途中の作並－山寺間は、一九三七年（昭和十二年）、仙山トンネル（五・三六一キロ）の開通を機に電化された。当時としては、全国でも珍しい電化区間だった。

　北九州の重工業地帯と中九州の久大線を結ぶ目的で計画された日田彦山線にも仙山線同様、長大トンネルがある。彦山駅－筑前岩屋駅間の釈迦岳トンネル（四・三八キロ）だ。一九三六年、添田側から工事が始まったが、東海道線の難工事として有名な丹那トンネルになぞらえ、「第二丹那」と呼ばれたほど工事は困難を極めた。

　一九四一年（昭和十六年）、第二次大戦の激化で工事は中断。戦後、しばらくたった一九五二年（昭和二十六年）に再開されたものの、翌年三月には大規模な落盤事故が起こり、二一人の尊い人命が失われた。

　戦前の計画時、トンネルの南側にあった宝珠山炭坑の石炭を利用して発電所を建設、彦山駅－宝珠山駅間を直流電化するという計画が議論されたという話を聞いたことがある。

　当時の機関車は牽引《けんいん》力の弱い蒸気機関車で、長大トンネルの場合、一酸化炭素中毒による事故も多発していた。このため、事故を防止するには、電化が有効と考えられたと思われる。

　仙山トンネルは実際にその目的で電化トンネルにされていたのだから、釈迦岳トンネルの場合にも、電化構想があったとしても決して不思議ではない。ただ、でき得る限り、文献、史料を探してみたが、現在のところ、「事実」は発見できていない。

　戦争の混乱で構想も史料もかき消えてしまったのか、いずれにしても真偽を追求したいロマンだ。

〈右上〉筑前岩屋駅にはトンネルの湧水を汲むことのできる施設があり、名水ファンで賑わう
〈左上〉釈迦岳トンネルの犠牲者の慰霊碑

〈左〉開通時の釈迦岳トンネル(『九州の鉄道の歩み』より)

コラム 小倉原爆投下計画

太平洋戦争当時、小倉は西日本一の軍都だった。大規模な軍需工場もあり、師団司令部もある。米軍の攻撃目標となっていたのはいうまでもない。それまで空襲はあったものの、比較的被害は少なかった。それは原爆投下の目標に選定されていたためだ。広島の次の目標は小倉であった。八月九日、原爆投下機は何度も小倉上空に侵入した。しかし、目標がどうしても確認できない。黒い雲に覆われていた。これは前日、B29が隣の八幡市を大空襲したときの黒煙だった。あきらめたパイロットは次の目標である長崎を目指した。八幡空襲がなければ、小倉に原爆が投下されていた確率は高かっただろう。江戸時代、長崎街道で結ばれていた、両都市の浅からぬ因縁と、歴史の悲劇だ。

写真は、小倉市街

潜函工法とシールド工法の境がはっきりわかるトンネル内部

老雄「関門トンネル」

二〇〇五年十一月九日、九州と本州をつなぐ大動脈、関門トンネルに特別に入坑することができた。

同トンネルは一九三六年（昭和十一年）九月に起工、一九三九年四月には「豆トンネル」といわれる試掘導坑が貫通し、本トンネルは一九四四年までに完成した。間隔約二〇㍍の単線トンネルが並列し、上り下りは別線になっている。

海底という悪条件のため、信号や電気、線路の点検補修など保守点検が大変という。作業のため、月のうち、半分の一五日程度、終日でこそないものの、片方のトンネルの列車を止めて、残りの一本のトンネルで上り下りの列車を通している。改めて海底トンネルの維持が大変なことを認識した。

入坑したのは私を含めて六人。先

工事途中には当時の首相である東条英機も視察に訪れている。右端が東条英機（写真提供・ＪＲ九州）

関門トンネル、門司側の入り口。手前の左右に見える扉は水害対策で設置されたもの

コラム　明石与次兵衛の碑

関門海峡を見下ろすめかり公園に古びた石塔がある。一五九二年（文禄元年）、朝鮮出兵のため肥前名護屋城にいた豊臣秀吉の元に母危篤の報が届いた。急ぎ大阪城に向かう秀吉の御座船が関門海峡最大の難所である「篠瀬」、別名「死の瀬」に差しかかった時、座礁。秀吉は裸同然の姿で助け出された。激怒した秀吉は船奉行の明石与次兵衛に切腹を命じ、大里の浜で果てた。一六〇〇年（慶長五年）、領主の細川忠興はその死を悼み、航海の安全を祈念して石塔を建立した。大正年間、港湾整備のため瀬は爆破され石塔も海中に沈められていたが、戦後有志の手により引揚げられた。石塔はシーボルトの著者『日本』でも紹介されている。

立って、安全確認のミーティング、そして互いの手を重ね合わせて気持ちを一つにした。さらには、線路を横切る際の安全確認も怠らない。緊張感がみなぎる。実際に入ってみると、トンネル内は「乾燥している」というのと「意外にきれい」というのが第一印象だった。

関門トンネルは門司側の地盤が悪く、大きな箱型のトンネルを溝の中で接続していく潜函《せんかん》工法、大きな鉄製の円筒に作業員が入り掘り進めていくシールド工法、そして普通工法など、地中の条件によって様々な新工法が部分的に採用され、「新工法の展示会」ともいわれた。まさに国の威信をかけた大事業で、当時の東条英機首相も一九四二年（昭和十七年）ごろ視察に訪れている。

戦争という苦難の時代に生まれ、戦後復興に大いに貢献した関門トンネルは、新幹線の関門トンネル、関門橋と次々に後輩ができたものの、まだまだ関門間の交通の第一線で活躍している。「老雄ここにあり」の頼もしさを感じた。

意外と乾燥している新関門トンネルの内部

新関門トンネルの斜坑

ＪＲ小倉−新下関駅間の新関門トンネルは延長一万八七一三㍍で、山陽新幹線では最長だ。長さに加え、海底という特殊な条件のため、保守は想像以上に大変だ。保守作業に立ち会うことができた。

新関門などの長大トンネルになると、掘削のとき、両側の出入り口二か所から掘り進むだけではなく、工区を数か所に分けて、それぞれで掘削を行い、最終的に一本のトンネルに仕上げる。作業のときには、地表から数本の作業坑口を掘る。

トンネルによっては、完成後に埋め戻される坑口もあるが、新関門の場合は六本の坑口が保守や作業に利用されている。

深夜に最終の列車が走った後、ＪＲ西日本福岡支社小倉土木技術センターの高山広志センター長らに同行してもらい、北九州市門司区にある作業坑に向かった。

新幹線敷地内の立ち入りは厳しく制限されており、作業坑は厳重に管理されている。入坑に際しては持ち物をチェックする。忘れ物防止のためだ。高速で走行する新幹線にとって、たとえ小さな物でもトンネル内に置き忘れると、重大事故につながりかねない。

正式には「和布刈《めかり》斜坑」といわれ、距離が約三〇〇㍍、高低差が六五㍍。新幹線のトンネルに達するまでには、重く頑丈な鉄製の扉三枚を通らなければならない。幾重にも厳重に守られた先に、関門海峡の海底を結ぶ新関門トンネルがあった。

コラム 耳無し芳一

小泉八雲の小説で有名な話。赤間関（下関市）に住む、僧の芳一は琵琶の名手として近在に知られていた。ある夜、高貴な人の使いという武将が芳一の住まいを訪れ、御前の前で琵琶を語ってほしいという。芳一は喜んで武将に付いて行き、多くの人の前で高らかに琵琶を弾いた。女性はすすり泣き、多くの人が自分の演奏に聞き入っている様子が伺えた。その後、何か不吉な気配を感じた和尚は一人の僧にこっそり後をつけさせると、芳一が高貴な人の屋敷と信じこんでいたのは、安徳帝の墓前だった。和尚は芳一の全身に経文を書いたが、耳だけは書き忘れていた。亡霊には芳一の耳だけしか見えず、耳だけを引きちぎられたという。平家滅亡の悲話である。

貫通当日の「めかり工区」斜坑口
（『九州の鉄道の歩み』より）

新関門トンネル内部の「火の山斜坑」を示す文字。トンネルの壁面に書かれている

トンネル内の点検・補修には安全上電気をとめているため、動力に電気を必要としないディーゼル動車が活躍する

新関門トンネルの保守

山陽新幹線は、トンネルの総延長が約二六七キロもある。これは、営業キロ数の実に約四七%を占める。

先進技術を駆使して造られたトンネルだが、高速で走る新幹線により、内部のコンクリート面には想像以上の風圧がかかる。また、地下水や気温の変化によっても、コンクリートの剥離が起こる。これは新幹線にとっては大問題で、コンクリート塊の落下は重大事故につながりかねない。

最終の新幹線が走った後、深夜から未明にかけてトンネルの検査が行われている。作業員の安全のため、まず架線の電気を止める。新幹線は電車で、架線からの給電が必要だが、点検用の特殊車両は電気の有無に関係なく、動力はディーゼル機関を搭載している。

新関門トンネル内には、点検用車両

点検車の上部から見る新幹線のエネルギーを供給する架線。思ったよりも細い

コンクリート剝離の点検には、一箇所ずつ叩く打音検査が行われる。新幹線の安全を支える「職人技」である

コラム 関門橋

一九七三年（昭和四十八年）十一月十四日、関門海峡を跨ぐ夢の大橋が開通した。明治の頃から計画はあったものの、国防上の理由から本州と九州の連絡路はトンネルに決定した経緯がある。海峡を結ぶ橋はまさに平和の象徴で、計画段階からその長大な規模の橋は、日本中から注目された。開通に先立つ同年三月二十九日には、関門海峡の景観にマッチするグリーングレーに橋の塗装が決定、さらに四月二十六日には名称も正式に〝関門橋〟と命名された。現在では本四架橋や明石海峡大橋など、世界に誇る長大橋も完成したが、関門橋はそのベースになった。源平合戦の壇ノ浦を跨ぐ橋は、数々の面で貫禄十分だ。

のエンジンが響き渡り、作業台には検査員が乗っている。

検査方法は「打音」。つまりコンクリート面を叩き、異音で異常を見つけるのだ。しかし、むやみに叩くのではなく、「ＴｕＭａＳ」といわれるトンネル保守システムに従い、危険箇所を重点的に検査する。ＪＲ西日本では、すべてのトンネルを展開図でデータ化し、小さなひび割れも管理している。

最先端技術の象徴の新幹線だが、保守には人間が第一線で活躍している。まさに職人技が守っているといってもいいだろう。安全運行は、このような地道な作業の上に成り立っている。

〈上〉電気機関車にも高性能のブレーキが備わり、性能が向上した

〈右〉列車の高速化にはブレーキ性能の向上が不可欠となる

ブレーキの性能

JR九州の在来線の最高速度は一三〇キロである。最高速度は路盤の強度、カーブの半径、ポイントなどさまざまな制約によって決まっているが、一番大きな要素がブレーキの性能ということは意外と知られていない。

「鉄道運転規則」は、列車の制御について、急ブレーキをかけて、六〇〇メートル以内に必ず停車することを定めている。

国内の新幹線や路面電車を除く鉄道に適用されており、簡単にいえば「どんな条件でも六〇〇メートル以内に停止できる速度で走りなさい」という意味だ。

日本の技術なら、レールの幅が狭く、標準軌に比べて車両の安定性に劣る狭軌でも、一八〇キロや二〇〇キロで走るのは容易だろうが、まず前に立ちはだかるのがこの規則なのだ。

しかし、いくらブレーキの性能を向上させても、目前の危険を察知してすぐに止まれるわけではない。おのずと限界はある。これを乗り越えるのが安全性を高める路線の高架や高規格化だ。

高架などで踏切がない路線では、特例として最高速度の見直しも行われている。新潟県を走る高規格路線の北越急行線では一六〇キロ、津軽海峡線でも一四〇キロで運転が行われ、狭軌の在来線でも高速化が進みつつある。

速い列車には力強さがみなぎっている。安全性を十分に確保した上で、さらにスピードアップさせた列車を九州に運転させ、車を上回る列車の安定感と速度を再認識させてほしい。

振り子の構造

車体を大きく傾けてカーブを通過する「ソニック」号

自動車は、カーブではスピードを落とさないと、曲ることができない。遠心力が働き、カーブの外への力がかかるためだ。

列車にも同じことがいえ、自動車に比べて、車体が重い分、より大きな力が加わる。カーブを速く走り抜けるため、線路の外側の部分を高くした構造を「カント」という。競輪場のバンクと同じである。

カントの傾斜を大きく（高く）するほど高速で通過できるが、列車が止まった場合は横転の危険性があり、限界がある。

また、内輪差のため、カーブでは線路の幅が若干広がっている。この構造を「スラック」という。カントとスラックは、カーブを克服するための工夫である。

鉄道のスピードアップには障害となるカーブだが、知恵と技術の向上により、カーブを乗り越える方策は格段に進歩した。

その代表が「振り子」という構造をもった車体である。車体と台車の間に特別な装置があり、カーブの内側に車体を傾けて、より速くカーブを通過できるのだ。リレー走でカーブに差し掛かると、体を内側に傾けるが、原理としては同じだ。

この原理は早くから着目され、旧国鉄時代には381系という当時としては高性能の振り子電車が活躍していた。

現在のJR九州の振り子電車はコンピューター制御で、より優秀なものが活躍。四国では振り子気動車があり、電車と同等の性能を発揮している。「速く、安全に」という要求が、高性能の車体を生み出したといえる。

オイラン車

車検整備中の「オイラン車」。正式には建築限界測定車という

車両の両端と中央部に、かんざし状の矢羽根を広げた特殊車両がある。「建築限界測定用車両」で、花魁《おいらん》がかんざしを挿している姿を連想させるため、「オイラン車」と呼ばれている。

建築限界とは、列車がホームや踏切、架線などに接触することなく、安全に走行できる空間のこと。この空間を走りながら測定するのがオイラン車だ。

構造はシンプルで、矢羽根に接触すると、車内に設置した電球が点灯する。矢羽根自体にもペンキを塗り、接触物に目印が付くようになっている。シンプルこそ確実な方法なのだ。このオイラン車が活躍するのは、新線の開通はもちろん、電化開業やホームの改良などのときだ。

最近は設計技術が進み、ホームなどが接触することはまずないという。し

測定時にはハリネズミのように羽根を広げ、障害物がないかを確かめる。写真は羽根が内部に収められている様子

ホームと列車の隙間は最低限に納まるように設計されている。乗降時の乗客事故を未然に防ぐためだ。写真は大村線の駅を通過する列車

オイラン車の内部。古い客車なので暖房はダルマストーブ

かし、踏切内部に設置されている踏切障害検知装置には、稀に接触することがあるらしい。踏切内の異常を知らせるため、線路ギリギリに設置されているためだ。

　このオイラン車も自分自身の安全のため、兵庫県太子町のJR西日本網干総合車両所で「車検」を受ける。

　同車両所の藤谷哲男さんによると、JR四国をはじめ、各地に貸し出しているという。現役で活躍しているのは、全国でも珍しいのだろう。

　特殊な車両やそれに携わる人々の働きがあってこそ、列車は安全に運行されている。

コラム 平安のゴーストバスターズ

科学が未発達だった平安の昔、中国の陰陽五行説により、天体観測や暦を決め、国家的祭事を司っていたのが陰陽師といわれる。このような科学者としての一面のほか、式盤を使って占いをし、式神（陰陽師の意のままに動く鬼神）を使う呪術師的な一面も持っていた。この陰陽師として最も有名なのが安倍清明で、京の一条戻り橋前に邸宅を構え、橋の下に式神を住まわせ、自由に操っていたという。天皇の信任も厚く、数々の伝説も伝わる。源頼光をはじめとする大江山の鬼退治も清明の力によるものである。邸宅跡には現在、清明神社が祀られ、参拝客が絶えない。

写真は、京都市の清明神社

連結器

大正14年に行われた直方駅での自動連結器への交換作業の様子（『九州の鉄道の歩み』より）

一九二五年（大正十四年）七月、日本の鉄道史上に特筆される「事件」があった。列車の運行を一斉に休んで、旧来の連結器を自動連結器に交換した大事業だ。

日本の鉄道は創業時から列車の連結にスクリュー連結器（螺旋《らせん》構造を持ち、中央にネジがあって連結器の長さを伸縮できる）とリンク連結器（連環でネジがなくて伸縮不可）が用いられていた。

しかし列車のスピードアップや編成の長大化、そして何よりの理由は連結手の安全確保のために自動連結器への交換が計画された。

というのは、連結作業を車両と車両との狭い場所で行うため、全国の連結手一八一〇人に対して年間死傷者数は五三七人にも達していた（一九一六年の統計）ほど危険度が高かったためだ。

一九二五年七月一日、まず九州を除く全国の客車から交換が行われ、十七日は貨車と機関車、そして九州は二十日の午前五時から午後八時までかけて無事に終了した。一日で取り替えた九州での数は、機関車六二一両、客車一四九四両、貨車一万一一四三両にも及んだ。

この時期が選ばれたのは、日が長いこと、お盆にあたり貨物輸送の減少が考えられた。本州と九州の日にちをずらしたのは、九州には、石炭輸送の貨車が多いためで、作業員確保のためだったという。周到な準備のうえでの迅速な作業は、世界の鉄道関係者の話題になったという。

先人、特に九州の鉄道マンの努力と技術にはただ感服するばかりだ。日ごろ目にする機会が少ない連結器にもこんなドラマがあったことを一人でも多くの人に知ってほしい。

〈上〉機関車の正面に圧倒的な存在感がある連結器。ここ一箇所で貨物の重量を受け止めているので、丈夫に作られている

〈左〉気動車や電車はそれぞれの車両に動力があるため、各車両にかかる負担が小さい。機関車や貨車の連結器に比べると一回り小さく作られている

コラム 田川市石炭・歴史博物館

近代日本を支えたエネルギーである、石炭の歴史を展示した博物館。日本一の筑豊炭田の成り立ちや石炭がどのように採掘されたのか、炭鉱の中から生まれた文学や生活、さらには田川地方の遺跡や歴史をわかりやすく展示している。また屋外には炭坑節に歌われた二本煙突や蒸気機関車、炭鉱で使われた大型機械も展示され、石炭の全てを学ぶことができる。かつては資料館だったが、展示内容の充実と事業内容から、日本で二番目の石炭博物館となった。

〈問合せ先〉田川市石炭・歴史博物館
☎0947・44・5745

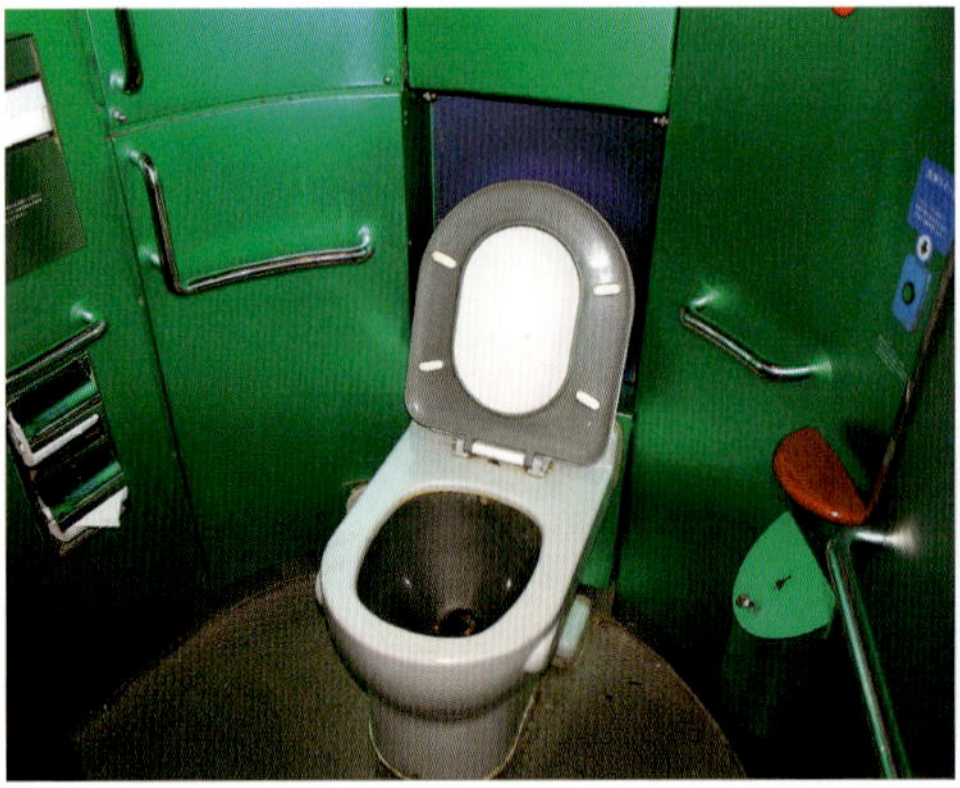

真空吸引式のトイレは、列車においてはJR九州が初めて採用した

トイレ対策が施された車両（２番目の青い客車）を従えた筑豊線の客車列車

トイレの進化

日本で最初に営業列車が走ったのは一八七二年（明治五年）、新橋－横浜駅間。当時の客車にはトイレの設備がなく、乗客心得に「乗車する前に用便をなしおくこと」という項目があったという。

路線が延びて長距離列車が運転されると、大きな駅ではトイレのための時間が確保されていたが、不便には変わりなく、新聞でも改善策が論じられたほどだった。

一八八九年（明治二十二年）から、東海道線にトイレ付きの車両が連結された。宮内省（当時）の高官が、駅でトイレに手間取り、列車に飛び乗ろうとして転落、死亡した事故がきっかけになったという。

当時のトイレは「垂れ流し式」で、便器からは線路が見えるものだった。この方式は長く踏襲され、列車のトイレに関しては最近まで、明治のころから発達していなかった。

トイレの革命は一九六四年（昭和三十九年）に開業した東海道新幹線。床下にタンクを設けた貯留式が初めて採用された。だが、この方式では、タンクの容量の関係で長距離列車には対応できなかった。改良したのが「循環式」で、洗浄水を薬剤で殺菌処理してろ過、汚物だけをタンクにためるものだ。

さらに進化したのが、飛行機で見られる「真空吸引式トイレ」。スイッチを入れると、一気に吸い込み、二〇〇cc程度の水でにおいも残らない。あとは循環式と同じ方式で処理される。列車では、ＪＲ九州が特急に初めて採用。ＪＲ九州は、進歩的である。

サービス電源確保のための発電機に燃料を入れる作業

一夜の勤めを終え、車両基地で整備を待つ寝台車

整備・清掃・給油

寝台特急に乗車した。長崎駅発の「あかつき」号と南宮崎駅発の「彗星《すいせい》」号は、門司駅で一本の列車となって京都駅行きとなる。心地よい振動とレールを刻む音で、いつの間にか眠りについた。

京都駅に到着後、乗客は下車するが、寝台特急はここから一つのドラマが始まる。

夕方、再び九州に旅立つ列車には、いろいろな作業が待ち構えている。整備・清掃を行うのが、JR向日《むこう》町駅(向日市)近くにある京都総合運転所だ。

室内の清掃とともに行われるのが給油作業。車両の下には、ディーゼルエンジンの発電機が付いている。ここで作られた電力で、車内の照明や空調を賄っている。一往復で七〇〇㍑もの軽油を使うが、季節によって微妙な差があるらしい。盛夏や厳冬期には、冷暖房をフルにするためだ。

室内の清掃は一二－一三人がかりで三－四時間を必要とする。河野勉さんによると、一般のシティーホテルのベッドメーキングを目標にしているが、乗客の声を直接聞けない分だけ不安があるという。

寝台車といえば、以前は三段式の蚕棚のようなベッドが一般的だった。しかし、最近はいろいろなタイプの個室が登場している。A寝台にはシャワーも設置されている。

新幹線は確かに速い。しかし、寝台特急には「寝て行ける」という楽さに加え、夜汽車の浪漫がある。

満開の菜の花に迎えられ、春の日差しの中を走るJR日田彦山線の気動車

気動車・老雄ここにあり

列車の動力には蒸気、ディーゼル、電気がある。動力の種類や、車両に動力がついているかどうかによって、さまざまに走りの違いが出てくる。特徴を比べてみるのも楽しい。

かつて、動力の一〇〇%が蒸気で、蒸気機関車が動力を持たない客車を牽引していた。今はディーゼルや電気に代わり、それぞれの客車に動力が付いた電車や気動車が主流となっている。

しかし、ブルートレインといわれる寝台客車には、相変わらず動力がなく、機関車に牽引されて長距離を走っている。

客車が動力を持たないため、ブルートレインは静かで乗り心地に優れるというメリットがある。反面、加減速には劣る。また、逆方向へ走るときは、機関車を付け替えなければならないため、こんな形式の列車は、小回りが必要なローカル線には適さない。

　以前は、電車に比べて性能が大きく劣っていた気動車も、高出力エンジンやギアの改良など新しい工夫で、電車と同等の性能を持つようになった。

　だが、ローカル線には、旧態依然の気動車もまだまだ現役で頑張っている。電車のように、大規模な電気設備や架線を必要としないため、気動車は経済的だ。

　それ以上に魅力なのは、上り坂ではエンジンがあえぎ、平地では軽やかに走るという人間的な姿である。生命感さえ漂う気動車には、軽快な電車にはない哀愁や愛着を感じ、「老雄ここにあり！」と、頼もしく思ってしまう。

開聞岳の麓、JR指宿枕崎線の気動車。天気の日なら開聞岳が間近に見える、西大山駅付近にて

今はなき上山田線とキハ52系

コラム　彦山と英彦山

九州の名峰として名高い英彦山には、古い歴史がある。日本古来の宗教である神道の最高神が、太陽の神といわれるアマテラスオオミカミで、英彦山の祭神がアマテラス（太陽の化身）の御子であるため、日の子の山〝日子山〟と呼ばれていた。その後、彦という字を使用するようになり〝彦山〟、後の江戸時代には霊元上皇の許しにより尊いという意味の〝英〟の字を加え〝英彦山〟と名乗るようになった。

しかし、現在でも英彦山と表記するのは山の名前や神宮の称号、駅の名前などは〝彦山〟など、使い分けをされており、歴史の重みを感じることができる。

写真は、英彦山神宮の神幸祭

気動車キハ66・キハ67

往年の塗装に戻されているキハ66・67系。現在は長崎地区で活躍している

一九七五年（昭和五十年）、山陽新幹線が博多まで延び、九州も高速鉄道の時代を迎えた。新幹線に接続した小倉、博多両駅を中心とする在来線は電化も幹線のみで、古い型式の気動車が第一線で活躍していた。その新幹線開業に合わせ、輸送改善を目的として登場したのが「キハ66・67」という型式の高性能気動車だった。

従来の車体より一回り大きな車体に大きな馬力のエンジンを搭載し、急行にも使用することを想定した設計だった。

この気動車の最大の特徴は、キハ66にはトイレを設置し、キハ67に冷房用のエンジンを付け、キハ66に電気を供給し、二両が一組となって使用するという「ユニット」の概念を導入したことだった。通勤に対応して大きな両開きの扉を備え、急行にも使用されるため、取っ手を動かして二人掛けや四人掛けになる転換式のクロスシートが導入され、電車と比較しても遜色《そんしょく》のないものになった。

一五ユニット三〇両が製造され、直方気動車区に集中配備。北九州や筑豊を走った。しかし、鳴り物入りで登場したが、当初からエンジンや冷房のトラブルに悩まされ、現場では不評だったという。また、製造コストが高く、結局、最初の一五ユニットのみで製造を打ち切られた。

その後、エンジンを入れ替え、冷房や変速機の整備も行って活躍を続けたが、篠栗・筑豊線の電化により、姿を消して、現在は全車が長崎県で活躍している。

二〇〇四年夏、イベント列車「甦《よみがえ》る！急行『日田』『はんだ』号」として門司港－日田間を走行。沿線の人たちは往時を懐かしがった。

〈上〉波静かな大村湾とキハ66・67系

〈左〉転換式シートを供えた車内はデビュー当時、鮮烈な印象を与え筑豊地区では、急行としても使用された

コラム 海軍が掘った海峡

長崎県対馬は上下二つの島からなっている。上対馬と下対馬を結ぶ橋が万関橋といわれ、対馬観光のメインにもなっている。実はこの狭い海峡、一九〇〇年に日本海軍が水雷艇などの小型艦艇を通すために掘削した人口運河なのだ。当時、日本はロシアとの間に暗雲が立ち込めていた。日露戦争を想定したもので、日本海での海戦を念頭においたものといわれているが、今となっては確かな資料はない。この他、一六七一年にも軍事目的ではなく、物流のために藩主が開削したのが大船越で、これらの事実を見ても、対馬が陸上交通よりも海上の交通を重視していたことが推測できる。

〈上〉キハ183系が大改造を受け「オランダ村」号から「ゆふいんの森」号、さらには「シーボルト」号、そして現在は「ゆふDX」号として博多〜別府を結んでいる

〈右〉グリーンの塗装を身にまとい、「ゆふいんの森」号として走っていた頃の183系気動車

ハイテク気動車

ＪＲ九州が発足した当時、「ジョイフルトレイン」といわれる数々の貸切団体列車が活躍していた。

畳を車内に敷いたお座敷仕様など、使い勝手のいい気動車（ディーゼル）を改造したものが多かった。九州では主な幹線しか電化されていないため、非電化区間に直通できる気動車が重宝されたためだ。

その中でもとくに注目を浴びたのが、ハイテク技術の粋を集めた「オランダ村」号だった。

それまでは、加減速の特性が異なる電車と気動車を連結させた場合、電車の動力が頼りで、気動車は動力を止めて電車に引っ張られて走ることしかできなかった。

しかし、コンピューター技術の発達で、電車のスピードと合わせて自らも動力で走れるようになった。世界で初めて、JR九州が実用化したのが「オランダ村」号だった。

青、白、赤のトリコロールの派手な装いで華々しくデビューした「オランダ村」号は、門司港から列車本数が過密な博多駅までは、西鹿児島（現鹿児島中央）駅行きの電車特急「有明11」号と一つの列車として走行。博多駅で分かれて長崎、佐世保線を快走した。

電車特急網の充実で、電車特急と連結された走行は姿を消したが、かつての「オランダ村」号は改装され、現在は久大線の特急「ゆふDX」号として人気を集めている。

ハイテク技術の特性を発揮する場はなくなったが、美しいフォルム、展望室からのダイナミックな車窓など、変わらぬ魅力にあふれている。

トリコロールの塗装でデビューした「オランダ村」号。団体貸切りの臨時として田川線（現平成筑豊鉄道）犀駅近くを走る

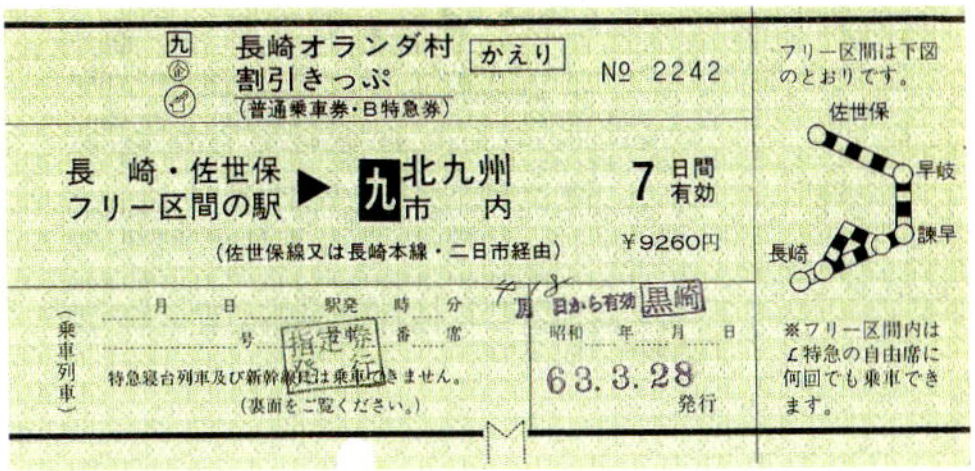

「オランダ村」号の運行に合わせて、割引切符も発売された。北九州発着の切符は長崎～佐世保間に何度でも乗り降りできるフリー区間が設定され、利用しやすい切符だった

コラム 坂本龍馬ゆかりの温泉

南九州、霧島温泉は大規模なホテルが多い。リゾート地として発展してきた結果だろう。そのひとつ、霧島ホテルの大浴場は温泉通のなかでも有名だ。小学校の体育館ほどの大きさの庭園風呂は圧巻で、数種類の異なる泉質のお湯を楽しむことができる。露天風呂もあり、四季それぞれの大自然の中で温泉に浸れるのだ。大浴場は混浴。しかし、宿泊客のため夜間にはレディースタイムも設けられている。ここは坂本龍馬ゆかりの宿としても有名で、ロビーには資料も展示され、龍馬ファンもよく訪れる。夜はガラス越しにライトアップされた杉と野生動物を見ながら食事が楽しめる。〈問合せ先〉霧島ホテル☎0995・78・2121

検査を受けている一等展望車・マイテ。特殊な工法や贅沢な材料を多用しているため、整備には手間とお金がかかるという

一等展望車

JR山口線で季節運行されている「SLやまぐち」号。夏のイベント時に最後尾を飾るのが、一九三八年（昭和十三年）に鉄道省大井工場で作られたマイテといわれる一等展望車だ。

当時は、現在と違って三等級制で、一般の人にとってはなかなか乗れない高嶺の花だった。一九六四年（昭和三十九年）に廃車になったあと、大阪の交通科学博物館に展示されていたが、一九八七年（昭和六十二年）にイベント用の目玉として華々しく現役に復帰した。

兵庫県太子町のJR西日本網干総合車両所の井田博文さんによると、屋根は五枚の長大な布を張り合わせ、砂を含んだ防水材を吹き付けているという。また、継ぎ目はコールタールで密着させ、防水を施している。

このマイテの最大の特徴は、車輪が三軸となっていることだ。乗り心地重視のためで、三等車に比べて約六トンも重い。これはほとんどが台車の重さで、バネを多用するなど多くの工夫がなされている。

連結器も特殊なものが使われ、ショックを和らげており、当時の技術の粋を集めた傑作といえる。

井田さんの「乗用車でいえば、クラウンなどの高級車といったところでしょうか。重厚な乗り心地ですよ」という言葉も納得できる。

豪華な内装のほか、オープンデッキで風を楽しめる。タイムスリップしたかのように戦前の紳士淑女の気分が味わえ、贅沢なひとときが堪能できる車両だ。

〈右上〉ソファーを撤去している展望室部分
〈左上〉「やまぐち」号の展望車として連結、大人気を博したマイテ

〈左〉昭和17年11月、関門トンネルの開通により門司駅に到着した特急「富士」号（『鉄輪の轟き』より）

コラム 太鼓谷稲成神社

日本五大稲荷の一つに数えられている。〝稲荷〟ではなく〝稲成〟の表記が珍しい。京都伏見稲荷より津和野藩主が勧請したのが起源で、代々藩主の崇敬が厚かった。現在では産業発展、家内安全、願望成就にご利益があるといわれ、多くの参拝者がある。麓より連なる鳥居のトンネルは大願成就のお礼に崇敬者が奉納したもので、津和野の代表的な風景となっている。稲荷大神の縁日である初午には多くの参拝者が訪れ、参道は満員電車なみの混雑となる。

写真は、SLやまぐち号

〈上〉「交直転換」の標識が物々しい門司駅構内。デッドセクションを過ぎるとすぐに関門トンネルだ

〈右〉関門間を直通できるのは、交直両方を走れる電車と機関車のみ。新型の電車は交流電化された（筑肥線を除く）JR九州区間のみの運行を前提としているため、下関への乗り入れはできない。海峡を越えるのは国鉄時代から活躍している交直両用の電車だ

門司駅のデッドセクション

JRには、死電区間（デッドセクション）というものがある。物騒な感じを受けるネーミングだが、交流電化と直流電化の接点に存在する「電気が通らない区間」のことだ。

電化の黎明《れいめい》期には、技術的に直流しかできなかったが、技術の進歩により効率的な交流が主流になった。九州（筑肥線を除く）は交流、東海道・山陽線は直流で電化されているため、このデッドセクションが海峡を望む北九州市の門司駅構内にある。

この区間を通る時、電車は一瞬、照明はもちろん、空調も止まる。だが、わずか数秒後には何事もなかったように息を吹き返す。乗り慣れた乗客は動揺もせずにやり過ごすが、鉄道ファンにとっては、見逃すことのできない瞬間である。

架線からの電気を必要としないディーゼル機関を動力とする気動車や、室内の電気を自分で賄うブルートレインと言われる寝台客車列車は影響を受けないが、電車はそうはいかない。

特に長い編成の貨物や客車を牽引する電気機関車にとっては難物。門司から関門トンネルに進入する列車は、死電区間でモーターが切れても惰力で下るが、下関からきた列車はそう簡単ではない。

登り勾配のため、フルパワーで走行してくる。しかし、あまり速力を付けすぎるとホームで急停車、反対にゆっくりすぎると、死電区間でとまってしまう恐れもある。運転士の腕の見せ所といえるポイントなのだ。ぜひ一度、注目していただきたい。

動力を持たない客車は、外部からの電気の取り入れが不必要のため、客室内には影響がない

門司駅を出発する寝台特急。関門トンネルを挟んで牽引する機関車が目まぐるしく変わる

コラム 関門海峡

島国日本には数々の海峡があるが、関門海峡ほど歴史の舞台に登場した海峡はないだろう。古くは神功皇后の伝説がある。もともと九州と本州は陸続きで、関門海峡には大きな穴があき、海が繋がったという。〝穴門〟と呼ばれ、後に長門といわれるようになった。中世には源平の戦い、巌流島の決闘、そして幕末には長州と外国連合艦隊との決戦や、幕府軍との戦いなど、歴史の節目に硝煙が海峡を覆いつくした。太平洋戦争のときの米軍による機雷投下など、交通の要であるが故、戦いとなると必ず歴史に名前を刻む関門海峡だ。

〈左上〉モノレールが乗り入れ、近代的に大改造された小倉駅

〈右上〉建設途中の小倉駅（『鉄輪の轟き』より）

〈右〉現在の小倉駅と右端に見える西小倉駅（旧小倉駅）。狭いスペースに工夫された線路配置には美しささえ感じることができる

小倉駅の構造美

森鷗外は陸軍第一二師団の軍医部長として一八九九（明治三十二）年六月、東京から小倉に赴任した。降り立った小倉駅は、現在のＪＲ西小倉駅の場所にあった。

今の小倉駅は一九五八年（昭和三十三年）に現在地に移転した。駅本来の機能に加え、ホテルなどの民間業者が使用することを前提に、民間資本を導入して建設され、「民衆駅」として開業した。現在では珍しくないが、当時は民衆駅の黎明《れいめい》期でずいぶん話題になったという。

しかし、それ以上に鉄道ファンの注目を浴びたのは、線路配置の巧みさだった。

小倉駅には、鹿児島線、日豊線、日田彦山線などの旅客線のほか、貨物専用線などを走る数々の列車が出入りす

夕暮れの小倉駅には各方面からの列車の乗り入れがあり、また、目的地を目指して発車していく

小倉駅を発車し、西小倉駅に滑り込んでくる日豊線下りの電車

写真は、小倉駅前の祇園太鼓像

コラム　祇園太鼓

映画「無法松の一生」で有名になった小倉祇園太鼓には古い歴史がある。関ヶ原の戦いの功績により、豊前の太守に任じられた細川忠興公は一六〇二年に小倉城の築城をはじめ、一六一七年には小倉城下の繁栄を祈願して、祇園社を建立し領内の総鎮守とした。その翌年より行われるようになったのが祇園太鼓で、現在の姿とはすこし違った祭りの形態だったようだ。街中に鳴り響く太鼓の音は、小倉に夏の到来を告げる風物詩で、福岡県の五大祭りの一つに数えられている。

る。門司から来た博多方面への下り旅客列車は鹿児島線、日豊線に振り分けられ、鹿児島線から日豊線に入る上り列車は前後の向きがかえられる。さらに、日田彦山線が折返し運転する。

　こんな複雑な列車の出入りを、線路のオーバークロス、機能的に配置されたポイント、さらに効率的なホームの並びなどで解決した。

　旅客数、規模ともに九州で最も大きい駅は博多駅だが、分岐駅としての構造が傑作な小倉駅は、玄人好みの駅と言える。

　市街地の限られたスペースの中で、これほどの機能を持つ駅は全国でも珍しく、当時の設計した技術者の知恵に頭が下がる思いだ。改装され、博多駅にも負けない華やかさがある小倉駅の隠れた魅力といえる。

　一九九八年、駅ビルはさらに改築され地上四階―地下三階建てとなり、北九州モノレールが乗り入れている。

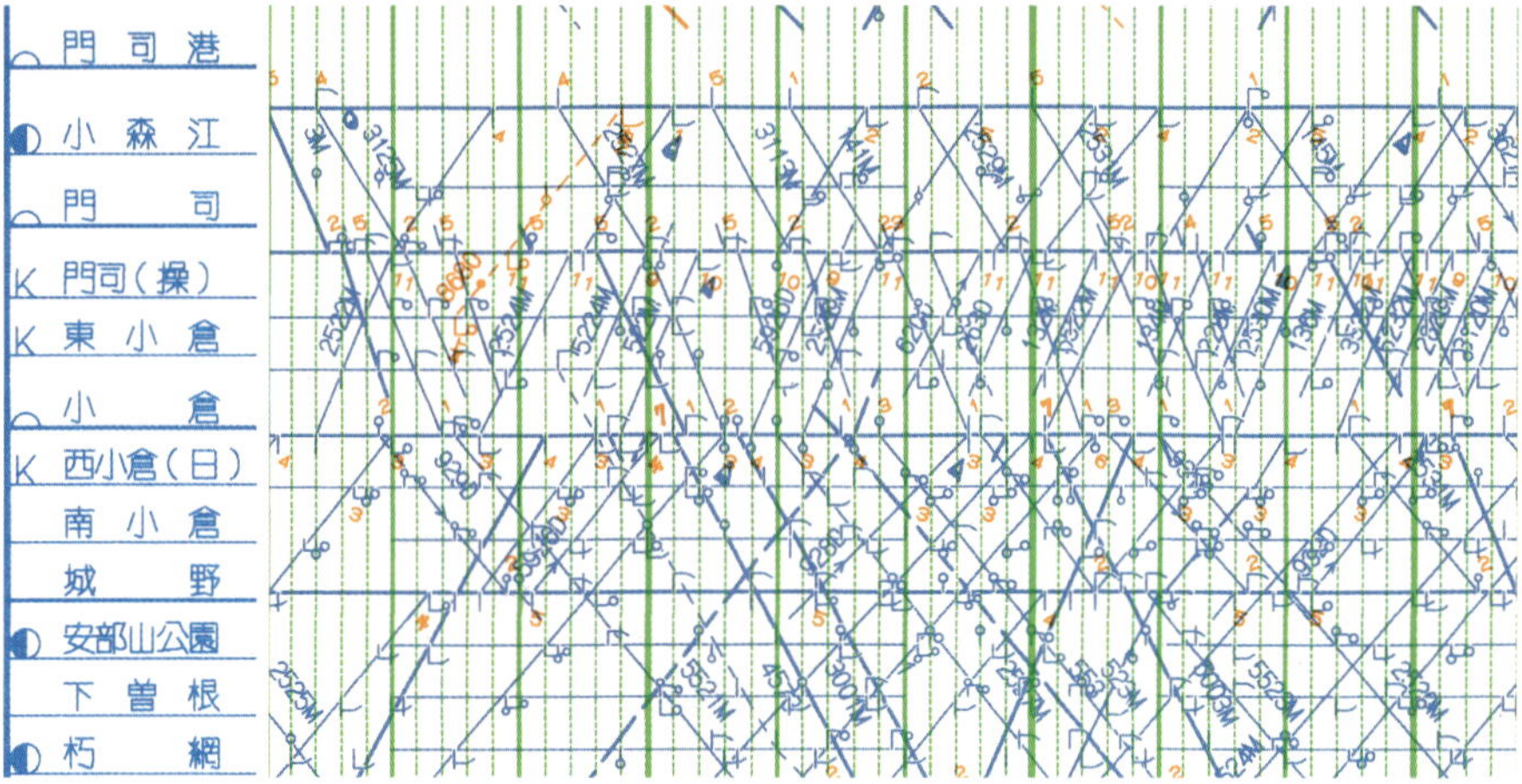

一般の人には眼にする機会がないダイヤグラム。折れ線が並ぶだけのまさに「魔法の線」といえるかもしれないが、実に合理的に作られている

ウィリアム・ページの運行表

一八七四年（明治七年）、現在の東海道線の大阪─神戸間三三・一キロが開通した。現在は普通電車で約三〇分だが、その時は一時間八分かかった。

三年後、線路は東に延び、京都駅が開業した時、時刻表を作ったのは、英国人技師ウィリアム・ページだったという記録が残っている。当時の日本は鉄道の建設や運転・運行に関しての技術や知識がなく、外国人頼り。特に英国人に対しては、絶大な信頼があった。

ページは時刻表を作るとき、部屋に引きこもり、しばらくすると時刻を書いた紙を持ってくる。その時間通りに列車を動かせば、単線区間での離合も実にスムーズにできた。日本人の部下がいくら尋ねても、ページは秘密を明かしてくれない。まるで魔法にかかったようだったという。

ある日不審に思った部下がページの外出中、部屋に忍び込み、机の引き出しの中に見たものは、縦に駅名、横に時間を書き、斜線が交差した紙だった。最初、その紙が理解できなかったが、後年になってやっとその謎が解けた。それこそ、「ダイヤグラム」という運行表だった。

一般の人にはなかなか目に触れないものだが、斜線が列車の動きを表しており、列車の行き違いや追い越しなど運行に関してすべてのことがわかる。

国鉄時代、ダイヤグラム作成に携わる人は運行表の線にちなんで「スジ屋」といわれるエリートだった。現在でも業界で、時刻のことは「スジ」と呼ぶ。運転本数が多く、列車の増発が困難な時、「スジが入らない」という使われ方をしたりして、とても興味深い。

Ⅳ

車窓を楽しむ

安価で長距離の旅行が楽しめる近郊区間の旅だが、本数の少ないローカル線では長時間の待ち時間も覚悟せねばならず、事前の計画が重要となる

一六〇円で一五〇キロの旅

列車の時刻表で運賃計算の特例を見ると、「大都市近郊区間のみをご利用になる場合の特例」という項目がある。東京近郊、大阪近郊、そして福岡、北九州市を中心とした福岡近郊区間が設定されている。

この区間に限り、普通乗車券か回数券で乗車する場合、実際に乗車した経路にかかわらず、最も安くなる経路で計算した運賃で利用できる。

ただし、制約もあり、経路は自由に選択できるが、途中下車と同じ区間を二度通ることはできない。つまり、改札口を出ない「一筆書き」で経路を選択すれば、最低運賃でとんでもない距離の旅ができる。

ＪＲ鹿児島線は門司港から鳥栖、日豊線は行橋以北、日田彦山線は今山（大分県日田市）までの区間だ。

コラム 絶品の蕎麦

創業一〇〇年の老舗旅館が蕎麦を中心としたグルメスポットとして再スタートした。霊峰英彦山の麓から湧き出る自然水に、主人が吟味を重ねたそば粉の組み合わせは芸術品といってもよい。器は地元特産の小石原焼きで、味だけではなく目でも楽しめる。山間部に位置するため、福岡県内でも有数の積雪地帯で、冬場は雪や凍結のため訪れる人も少ないが、秋に収穫された新そば粉と清冽な湧水で丁寧に打たれた蕎麦は旬の味にふさわしく、蕎麦通の喉をうならせる。梨の産地としても有名で、民陶祭が行われる秋は最も賑わうシーズンだ。

〈問合せ先〉会席・手打ち蕎麦「京や」☎0946・74・2008

福岡近郊区間内に位置する香春駅では、石炭の燃殻を拾う「ボタ拾い」の風景が見られた（撮影・鳥飼正弘氏）

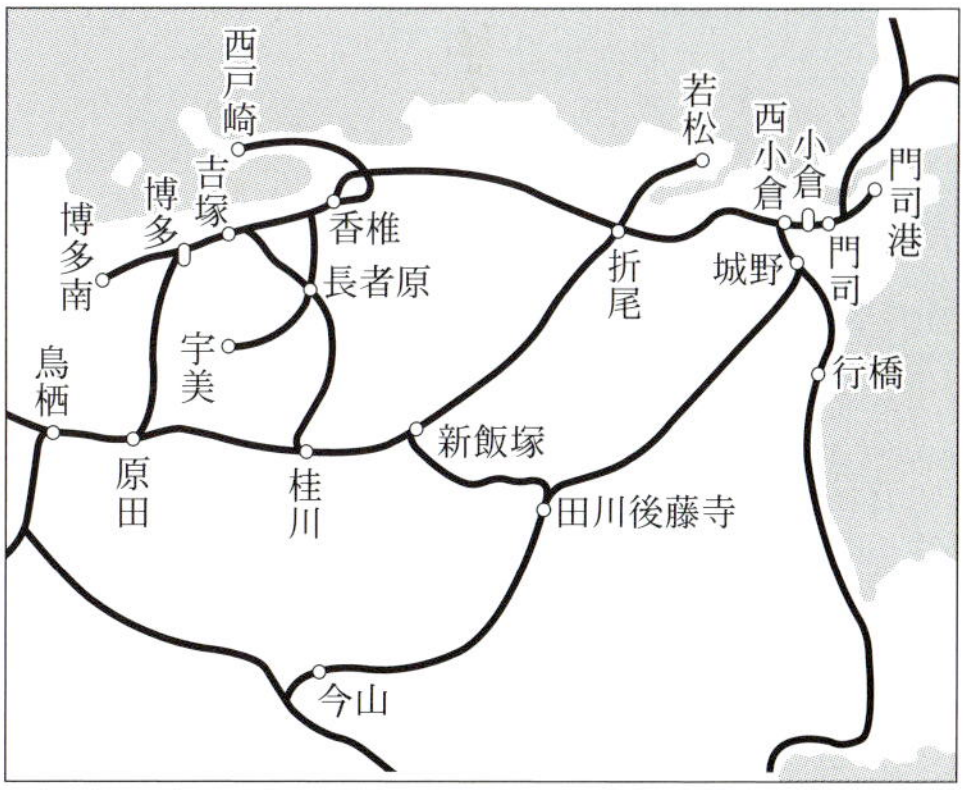

福岡近郊区間の略図。一筆書きの知恵を駆使すれば、一日中列車の旅を楽しむことができる

例えば、福岡市の博多から吉塚までの切符を買って、鹿児島線を原田（福岡県筑紫野市）まで南下。ここで筑豊線に乗り換え、新飯塚から後藤寺線で田川後藤寺に出て、日田彦山線で西小倉まで北上。鹿児島線の香椎（福岡市）から長者原（同県粕屋町）に寄り道して、吉塚で下車しても不正乗車にはならない。

かつて、筑豊地区には網の目のようにローカル線が敷設されていた。当時はその線をうまく組み合わせ、どのルートが一番距離を稼げるかを競ったものだが、廃止された今となっては昔話になってしまい、寂しいものがある。

だが、今でも前述のようにわずか一六〇円で約一五〇キロの大旅行ができる。自分で工夫しながら予定表を作ると楽しいし、乗車の際に車掌さんや駅員さんに目的を説明でき、トラブルにもならなくてすむ。

赤村トロッコ油須原線

平成鉄道・赤駅前から発車する赤村トロッコ

福岡県の筑豊地方を東西に結ぶ平成筑豊鉄道。二〇〇四年に赤村に開業した赤駅の前に幅の狭い線路がある。「赤村トロッコ油須原《ゆすばる》線」だ。

もともとこの線は、筑豊炭田の石炭を運搬する国鉄が通る予定だった。筑豊線・飯塚駅から分岐して山田、田川を経由して、当時の田川線（現平成筑豊鉄道）につなぐ油須原線として計画されていたのだ。

しかし、飯塚駅から上山田駅を経由して豊前川崎駅に至る上山田線は開業したものの、豊前川崎－油須原駅間は工事の九割以上が完成しながら、一本の列車も運行されなかった。石炭から石油へのエネルギー革命の波をかぶったためで、まさに「幻の鉄道」だ。

線路は敷かれたまま放置されていたが、線路敷地に水道管を敷設するため、

赤駅に停車中の赤村トロッコ

自然の風を受け、景色を楽しむことができるトロッコには、なんともいえない魅力がある

路線内にはトンネルもあり、乱舞するコウモリを見ることができる

線路を撤去する計画が持ち上がった。一九九六年ごろのことだ。

なくなる運命の線路を何とか残そうと頑張ったのが、地元赤村の住民や鉄道愛好者らでつくる「赤村トロッコの会」。水道管を敷設する田川地区水道企業団や赤村などに働きかけ、現在の赤駅から、赤村と大任町の境界までの一・七キロをトロッコ線として残すことに成功した。

企業団はトロッコ線区間について、水道管を地下に敷設するはからいをし、列車の線路に替え、トロッコ用の六一〇ミリ幅の線路を敷設する工事も行った。

トロッコは、同会が岐阜県の神岡鉱山で廃車になったバッテリー動力のものを譲り受け、二〇〇三年十月から運行している。

山あり、トンネルありの小さな旅が楽しめる鉄道は、毎月第二日曜（原則）の午前十時から午後四時まで約三〇分間隔で運行しており、一日平均三〇〇人を運ぶ。

コラム　源じいの森温泉　一九九二年六月、自然学習村「源じいの森」として宿泊研修施設、キャンプ場、ロッジなどでオープンした。温泉も掘削され、入浴施設も作られた。ちなみに「源じい」とはゲンジボタルと〃春爛（通称・ジジババ）〃を掛け合わせた方言で、その名のように初夏にはホタルが乱舞する。食材は基本的に地元で獲れた新鮮なものを使用し、心こもった料理を味わうことができる。器も施設内で作られた陶器を使い、陶芸の体験もできるようになっている。

〈問合せ先〉源じいの森温泉☎0947・62・2851

写真は、平成鉄道源じいの森駅

華々しくデビューした英彦山のスロープカー。予想以上の人気を博している

スロープカーと英彦山

日本の鉄道は鉄道事業法という法律で管理されている。この法の中で「鉄道」と定義されているのは普通鉄道のほか、モノレールやトロリーバス、ケーブルカー、ロープウエーも含まれる。

二〇〇五年十月十日、福岡県の英彦山に開業したスロープカーも鉄道だ。英彦山は羽黒山、大峰山と並ぶ日本三大修験場と呼ばれ、明治の廃仏毀釈《はいぶつきしゃく》以後は、英彦山神宮が多くの崇敬者を集めてきた。

しかし、近年のマイカーの普及により、かつて山伏が歩いた参道を歩く人は少なくなった。

その英彦山の観光振興の切り札として登場したのがスロープカーだ。

表参道入り口にそびえる重要文化財の銅の鳥居そばに幸（ボヌール）駅、途中に花（フルール）駅と花園（ジャルダンフルール）駅、終点の英彦山神宮奉幣殿横には神（ディウ）駅が設置された。幸駅～花駅は三八〇㍍七分、花駅で乗り換え、神駅まで四六九㍍八分の路線だ。

なお、駅名はフランス語で「神に花をささげ、幸を招く」という意味で命名されたという。

英彦山神宮の高千穂英文権宮司の話によると、二〇〇五年十月二十九日の土曜日だけでもスロープカー利用者が約八〇〇人もあり大変なにぎわいで、「高齢者にも気軽に利用できるスロープカーはありがたい」と話していた。

鉄道の持つ底力を発揮した好例であり、鉄道愛好者としてうれしくなった。

かつて修験者が汗をかきながら登った参道を横目に見ながら、楽をできるスロープカー。英彦山の神様の目には、はたしてどう映っているのだろうか。

〈上〉フルール駅近くを走るスロープカー

〈左〉重要文化財の英彦山神宮奉幣殿。スロープカー開通で、長く急な階段を歩く必要がなくなり、参拝者が増えた

コラム **英彦山温泉・しゃくなげ荘**

日本三大修験道場の一つとして有名な霊峰・英彦山の中腹に湧く温泉。もともとこの地は「湯の山」といわれ、鉱泉が湧いていた。近年のボーリング技術の発達により地下約一五〇〇《メートル》よりラドン含有量三〇五《キュリー》（八三・三〇《マッヘ》）と、実に療養泉基準（三〇《キュリー》＝八・二五《マッヘ》）の一〇倍を超す高濃度の温泉を掘り当てた。標高四五〇《メートル》に位置する英彦山温泉は、四季折々の絶景が楽しめるが、秋の紅葉シーズンは特に登山客や観光客に大人気を博している。館内では英彦山豆腐を筆頭に山の幸も満喫でき、名物柚子胡椒との取り合わせはどれも絶品といえる。宿泊もできるがいつも満室状態のため、早期の予約が必要。

しゃくなげ荘☎0947・85・0123

久大線野矢駅で離合する博多行と別府行の「ゆふいんの森」号

新緑の中を走る「ゆふいんの森」号

ゆふいんの森号の乗り心地

JR九州の「ゆふいんの森」号を利用して、由布院温泉日帰りの旅を楽しんだ。

私が住む福岡県の筑豊地方から由布院駅までの最短ルールはほかにもあるが、「ゆふいんの森」号に乗るため、わざわざ博多駅まで出た。鹿児島線、久大線を経由する約二時間の旅で、なかなか良くできた列車だと改めて実感した。

気動車としてはかなりの高性能だ。安定感ある走りっぷりと静かさからは想像できないが、一〇〇キロの高速で電化区間の鹿児島線を矢のように下る。

久留米駅から非電化の久大線に入る。気動車なので、非電化路線にも直通運転できる。日田駅を過ぎると山峡に分け入っていく。ここらが車窓のメーンで、移り変わる景色や渓谷と緑の競演もすばらしい。展望抜群の車窓を眺めながら、冷えたビールやハムを味わえるのも醍醐味である。

とくに女性に人気があると聞いていた。確かに乗客の大半は女性で、あちこちから楽しげな笑い声が聞こえてくる。それもうなずける。スピード、乗り心地、車内のインテリアなど、どれをとっても傑作で、全国の鉄道ファンからも注目を浴びているスターなのだ。日本を代表する観光特急といえる。

目的地に「運んでもらうだけの鉄道」とは違って、「乗ることそのものを楽しむ鉄道」の代表がこの列車だ。今後の新しい列車の姿として、見守っていきたいと思っている。

癒やし系の「ゆふいんの森」号で贅沢なひと時を味わってみませんか。

ゆふいんの森号とビュッフェ

由布院～南由布間を走る「ゆふいんの森」号

旅の楽しみの一つに「食」がある。かつて、特急はもちろん、急行まで食堂車があった。車窓から流れる景色を楽しみながら、温かい食事を取れる〝走るレストラン〟だった。

しかし、現在では、「トワイライトエクスプレス」「北斗星」「カシオペア」号など北日本の一部の列車にしか食堂車はなくなってしまった。東海道新幹線の傑作といわれる一〇〇系電車にも二階建て食堂車があったが現在はない。

食堂車の歴史は古く、一八九九年（明治三二年）五月二十五日運行を始めた官営鉄道・京都駅－山陽鉄道・三田尻駅（現在の防府駅）間の列車に連結した食堂付き二等車が第一号だ。一九二九年（昭和四年）に運行を始めた特急「富士」号は一等と二等車で編成されていたため洋食堂車だったが、三等車主体の「櫻《さくら》」号は和食堂車が連結された。当時の上流階級は洋食を好んだためだ。

一九七二年（昭和四十七年）に発生した北陸トンネルの列車火災が食堂車の大きな転機になった。当時用いられていた石炭レンジからの出火の疑いがかけられた。後で漏電が原因とわかったものの、食堂車の老朽化、スピードアップによる乗車時間の短縮に加えて、グルメ志向、コスト高による割高な料金などが追い打ちをかけ、食堂車は次第になくなった。

博多－由布院・別府駅を結ぶ「ゆふいんの森」号には、ビュッフェといわれる全国でも珍しい軽食設備がある。手軽に利用できるテークアウト方式で、ハムなどをつまみに地ビールが飲める。「ちょっと一杯」と、ビールを楽しめる手軽さは「イチ押し」だ。

〈上・下〉大村湾の景色を楽しむことができる大村線は、お勧めの路線だ。駅舎の造りも立派で、かつての長崎線としての貫禄と歴史もある

シーサイドライナー号と大村湾

JR九州の長崎－佐世保駅間を結ぶ線は現在、大村線と呼ばれている。大村湾の海岸沿いを走る風光明媚な線だ。

この線は、昭和時代初期までは長崎線だった。明治時代に計画された幹線のルート設定には、軍部の要求が大きく影響を与え、敵艦の艦砲射撃を恐れて、鉄道は内陸部に敷設されることが多かった。

長崎線も武雄温泉を通り、早岐《はいき》で分岐。鎮守府があった佐世保、軍部・大村、長崎を結ぶ線として建設され、一八九八年（明治三十一年）に大まかなルートが完成した。

ここで問題になったのが、佐世保と長崎のどちらを優先するかだった。当時は、機関車が引っ張る客車や貨物車で、前後の機関車の付け替えが大変だった。

大村線は鉄道史の上でも見逃すことのできない路線といえる

大村線沿いには江戸時代、小倉と長崎を結ぶ長崎街道が整備されていた。歴史を訪ねて辿る人も多い

コラム　特攻殉国の碑

太平洋戦争末期、わが国は絶対的に不利な戦況の中、兵士そのものを兵器とする特攻攻撃しか戦う術がなかった。飛行機に爆弾を固定し、敵艦に突っ込む神風特別攻撃隊はよく知られているが、大戦初期に活躍した日本海軍の誇る酸素魚雷に人間一人が搭乗し、操作して突入する〝人間魚雷・回天〟や船首に高性能火薬を仕込んだ高速艇を人間が操る〝震洋〟といわれる特攻隊もあった。一九四四年、横須賀から訓練所が移され、震洋特別攻撃隊が編成され、回天の部隊とともに日夜厳しい訓練が行われた。軍機に属したため、戦争中は立ち入りが厳禁され、一般の目にふれるようになったのは戦後になってからだ。

写真は、長崎県川棚町にある川棚魚雷艇訓練所跡

分岐駅の早岐には地形の制約があり、どうしても一方は機関車を客車や貨物車の後ろに付けなければならなかった。そこで、西九州の中心だった長崎が優先され、佐世保方面に向かう列車は、早岐で機関車を後ろに付け替え、客車から見れば進行方向の逆転が余儀なくされた。

　やがて、艦砲射撃の脅威もなくなり、経済効果の高い海岸線へのルートが建設された。一九三四年（昭和九年）には、肥前山口から分岐、多良、諫早を結ぶルートが開通して長崎線、肥前山口－佐世保が佐世保線、早岐－諫早間が大村線となった。

　本線として建設された風格と歴史に加え、車窓もすばらしい大村線ではあるが、新型車両も投入され、新しい魅力も加わった。

日豊線の旅

小倉駅に停車中の「ドリームにちりん」号。深夜の運行にもかかわらず、大分までは利用者が多い

博多から小倉経由で宮崎(宮崎空港)まで結ぶ「ドリームにちりん」号という特急がある。

かつては急行「日南」号という名称で寝台車も連結された夜行急行だったが、一九九三年に特急電車を使用するようになり、「ドリームにちりん」と改称、急行から特急に格上げになった。

しかし、元々が昼間に走る特急電車で、夜行列車としての特別な設備がない〝間合い使用〟なので快適に睡眠はなかなか難しい。

だが、寝ているうちに目的地に着くという利便性はなかなかのものだ。

博多を二十二時五十二分に出発、途中小倉が二十三時五十二分、大分到着は日付が変わり一時三十四分到着となる。ここでは約二時間の大休止だ。

理由はそのまま走ると宮崎到着が早すぎ、時間調整のためなのだ。大分の一つ手前の別府駅は一分停車で、ここで二時間休んでくれるなら、駅前の温泉で一風呂は入れると考えていたが、大分駅に着くと、かなりの人数が下車した。つまり博多から大分までの最終列車を兼ねていて、大分までは余り時間をかけたくないのだろう。

大分宮崎の県境を列車で越える人は少ない。昼間の特急、飛行機、高速バス、マイカーといろいろな移動手段があり、わざわざ夜を徹して移動する人は限られている。

活気を取り戻すのは、延岡駅からだ。五時三十八分という早朝にもかかわらず、座席の半分以上が埋まる活況だ。日向市駅でもかなりの乗車がある。列車の最終駅は宮崎空港駅なので、空港連絡列車としての機能を果たしているためだ。

六時五十六分に宮崎空港駅に到着し、乗客はロビーへと急いでいる。

かつての夜行列車とは違い、主要駅

モダンな造りの宮崎駅だが、以前ほどの観光人気がないのに一抹の寂しさを覚える

博多〜小倉〜大分と一夜を走り終え、終着の宮崎空港駅に到着した
「ドリームにちりん」号

までは最終列車、夜明けからは始発列車と姿を変えてはいるが、多くの人から利用されている現状を見ると頼もしく感じ、心の中で〃がんばれ〃とエールを送りたくなる。

コラム
高千穂神楽
一年間の五穀豊穣を感謝し、次の年の豊作を願い、夜を徹して三三番の神楽が奉納される。秋も深まると、高千穂町の各地区の公民館や神楽宿で、週末の昼過ぎから翌朝まで夜神楽が奉じられる。場所等は観光協会か役場に問い合わせると親切に対応してくれる。この神楽、高千穂町民だけではなく、観光客も大歓迎され、酒や夜食の振る舞いもある。深夜にはユーモラスな神楽や、観光客と一緒になった神楽も演じられ楽しい。また、一年間を通して、毎日午後八時から高千穂神社境内の神楽保存館で、代表的な神楽四番がダイジェストで舞われ、観光客に人気だ。

高千穂町役場☎0982・73・1200

〈上〉宮崎空港駅のホームからは、飛行機の飛び立つ様子を間近に見ることができる

〈右〉日南線から別れ、空港方面に大きくカーブする電車の窓からは、滑走路が眺められ、高架橋を登ると駅だ

空港の中の駅

一九九六年に開業した宮崎空港駅は、〝空港連絡〟と機能のはっきりした駅だ。宮崎空港の整備で大幅な利用客が見込まれたため、最寄の日南線の田吉駅から空港まで二キロ弱の新線を敷設、あわせて電化して電車が走るようにした。

宮崎、延岡方面からは普通列車も運転されているが、日豊線下りの特急も空港まで乗り入れ、便利が良い。また、宮崎から僅か一五分程度の距離だが、宮崎～宮崎空港間に限っては、特急でも特急料金は不要で、普通運賃のみで利用でき、得した気分になる。

日南線から別れた空港線は左に空港を見ながら大きくカーブし、滑走路と平行になると宮崎空港駅に到着となる。

列車の窓からは空港から飛び立つ飛行機が見え、子供のようにワクワクし

機能的な造りの宮崎空港駅

た気分にしてくれる。

駅はホームも狭く、機能を追究したような造りだが、改札口を抜け、階段を下りるとそこは空港の入り口であり、本当に便利に作られている。

鉄道と飛行機は〝ライバル〟であり、現在の鉄道の斜陽も飛行機の普及によるところも大きく、鉄道ファンにしてみれば、本音をいえば飛行機に対する印象も余り良いものではない。しかし、それぞれの持つ特徴を生かし、お互いの有効性を引き出す共存の追究には心惹かれるものがある。

かつて日本に陸海軍の航空隊が存在していた戦前、主要基地の飛行場には本線から分岐した鉄道が引かれ、燃料や資材、そして人を運搬していた。戦いのためとはいえ、本来鉄道と飛行機は共存していたのだ。

平和な時代となり、このような姿で鉄道と飛行機が再び共存でき、蜜月をむかえるというのは、素晴らしいことだ。宮崎空港線の成功は、新しい交通体系の見本として高く評価されていくことだろう。

二〇〇六年春には新北九州空港が開港した。鉄道乗り入れが課題となっているようだが、ここ宮崎の例を見る限り、空港乗り入れは絶対に必要と強く感じた。

コラム 鵜戸神宮

鵜戸さん参りは　春三月よ
参る（ハラセ）参るその日が
ご縁日（ハア　コンキー
コンキー）参りゃとにかく
帰りの節は　つけて（ハラセ）
つけておくれよ　青島へ（ハ
ア　コンキー　コンキー）

宮崎地方には結婚すると二人で鵜戸神宮に参拝する「鵜戸まいり」の風習があり、民謡シャンシャン馬道中はこれを唄ったものだ。初代天皇といわれる、神武天皇の父君ウガヤフキアエズノミコトを祭神としている鵜戸神宮は「鵜戸さん」と呼ばれ、親しまれている。日向灘に面した絶壁の中の自然洞窟に、鮮やかな朱塗りの神殿があり、縁結び・安産育児・海上安全にご利益がある。本殿前の「運玉」は有名で、男性は左手、女性は右手で素焼きの玉が大岩の上に彫られた穴に入ると良いといわれている。

日南線のハイライト区間を走る気動車。車窓には旅情誘う景色が展開する

旅情誘う日南線

日豊線の南宮崎駅から鹿児島県の志布志駅間の八八・九㎞を結ぶのがJR日南線だ。

日南海岸国定公園のど真ん中を走り、沿線には鬼の洗濯岩で有名な青島、こどもの国、城下町・飫肥などの観光地が点在している。車窓からは美しい海岸が望め、眺望に優れた路線だ。

〝日南〟という響きもよく、南国ムードたっぷりの路線だが、やはり現実は厳しいようだ。

新婚旅行のメッカだった宮崎の観光も最近は陰りが見え、観光客の減少に加え、沿線の過疎化が進み、一時は廃止も取りざたされたという。

しかし、伊比井—北郷間は道路もなく、鉄道が廃止されてしまうと交通機関がなくなるため、存続の大きな理由の一つになったといわれている。

日南線の一部を成す、宮崎空港線の活況、シーズン中の青島の観光やマリンレジャー、そしてこどもの国など、国道が混雑するため、列車の利用は多いが、南へ行くほど乗客は少なくなる。志布志駅近くはさらに深刻で、乗客はまばらとなる。志布志駅からはかつて鹿児島方面や都城へ鉄路が通じていたが、廃止されてしまった。

鉄道は線で繋がって初めて価値があるものだが、ここのように行き止まりの〝盲腸線〟となっては乗客がいないのは仕方ないことだろう。

二〇〇四年十月上旬、城下町・飫肥がNHK朝の連続ドラマ「わかば」の舞台となったため、日南線を走る気動車一両が「わかば号」として塗装変更された。費用は日南市とJRが負担したというが、イメージアップの材料として評価できる。しかし、この車両も二〇〇五年三月末で姿を消した。ドラマの終了で仕方のないことだが、試みとしては今後も続けてもらいたいこと

交通機関が整備されていない地区にとって、列車は今でも重要な交通手段だ

であり、風光明媚な車窓に加え、鵜戸神宮や飫肥などの歴史的素材も豊富なので、日南線の特長を活かした車両を運行して乗客を増やしてほしいものだ。

海を見ながらゆっくり走る日南線はまさに〝癒しの路線〟であり、ストレスの多い現代人にはお勧めだ。

志布志駅前にある山頭火句碑

急勾配を一登りすれば、終着駅の志布志駅も近い

コラム 四半的

戦国の昔、飫肥に攻め込んできた敵に対して農民が竹の弓をつくり、武士と協力して、見事敵を撃退した。これを喜んだ殿様が本来もつことを許されない弓を娯楽用として許可。武器とならないように射場から的まで四間半、弓矢ともに四尺五寸、的が四寸五分で、全て四半であることから四半的と呼ばれるようになった。

飫肥城前には観光用の四半的道場があり、気軽に体験できる。しかし、四半的の醍醐味は宮崎特産の焼酎を飲みながら、地元の人と交流を深めることにあり、四半的の魅力にとり付かれ、各地に普及した例もある。飫肥は日露戦争ポーツマス講和条約締結に尽力した小村寿太郎出身地でもあり、記念館もある。

飫肥城歴史資料館（日南市）☎0987・25・4533

青井岳鉄橋をわたる特急「きりしま」号。峠に阻まれ、近代化の遅れた鹿児島～宮崎間は思うようにスピードも出せず高速バスとの競争に苦戦している

聖地・青井岳で想う機関車の姿

日豊線を宮崎から鹿児島方面に進むと最初に待ち構えている大きな峠が〝青井岳〟だ。

蒸気機関車の頃は迫力のある峠越えが見られるため、撮影の名所となり、全国からファンが訪れ、撮影の聖地となったところだ。

青井岳という山間の駅の風情もなかなかで、駅のすぐ横に位置する鉄橋が絶好の被写体だった。

二十数年ぶりに取材で青井岳を訪れた。駅舎は簡易なものとなったが、周囲の風景は余り変わってなく、大きくカーブした特徴あるホームもそのままだった。遠くから峠を登り終えたＳＬが走ってきそうな気がしたが、特急電車が通過して現実に引き戻された。

ＳＬの時代と同じで、鉄橋を渡る列車は絵になる。動力が蒸気から電気に

青井岳鉄橋手前を走るC57型蒸気機関車（撮影・案田伸一氏）

代わったとはいえ、鉄路の難所には変わりない。急勾配と連続する小さなカーブに阻まれ速度が出せない。蒸気機関車と違い、電気という動力のため苦しい表情は読み取れないが、電車にとっても峠越えは辛い。遠くには高速道路が列車の苦戦をあざ笑うかのように山の中腹にまっすぐのびている。

　宮崎〜鹿児島間はここの青井岳と霧島という二つの峠に阻まれ、距離の割には時間がかかる。この厳しい地形に先人は血のにじむような努力をして鉄路を建設したが、高速道路などの交通網の再整備により、時代から置きざりにされているのはしのびない。

　ここ青井岳は私自身が蒸気機関車に対する考えが変わった想いでの場所なのだ。峠越えで全力を振り絞り苦闘する機関車には迫力があり、その姿を追い求めてここにファンが集まっていた。最初は私もその一人であったが、雨の中を本当に苦しい表情で息絶え絶えに闘う機関車をみてシャッターを押せなかったことがあった。

　よく蒸気機関車は人間に一番近い機械といわれている。先輩諸氏からはお叱りを受けるかもしれないが、その一番人間に近い蒸気機関車の苦しい表情を被写体にするのが忍びなくなったのだ。

　迫力はないものの、ほっとした表情でのどかに田園や海岸線を走る蒸気機関車に安らぎを覚えるようになったこの場所でしばし感傷に浸った。

写真は、宮崎県都城市今町鉄道公園

コラム　志布志線跡

日豊線の西都城駅から、鹿児島県志布志駅まで三八・六キロを結んでいた国鉄志布志線は、一九二五年（大正十四年）に全通した。大隅半島の動脈として地域発展に寄与したが、一九八四年（昭和五十九年）に廃止線対象路線となり、一九八七年廃止された。しかし地域に愛着深かった路線はサイクリングロードや鉄道公園として整備され、人々の記憶の中に生き続けている。都城市今町鉄道公園にはC12型タンク機関車や腕木式信号機、そしてホームも保存され、今にも列車の汽笛が聞こえてきそうな風情がある。

いさぶろう号・しんぺい号で山越え

一九〇九年（明治四十二年）、肥薩線で最も長い矢岳トンネル（延長二〇九六メートル）が完成した。このトンネルの開通で、門司から鹿児島までが一本の線路で結ばれ、関係者の喜びはひとしおだった。

当時の逓信大臣・山県《やまがた》伊三郎《いさぶろう》が熊本県の人吉駅側に「天険若夷《てんけんじゃくい》」、鉄道院総裁・後藤新平《ごとうしんぺい》が鹿児島県の吉松駅側に「引重致遠《いんじゅうちえん》」という石額を坑口に掲げた。現在に例えれば、青函トンネルや瀬戸大橋に匹敵する国家的プロジェクトだったのだろう。

このトンネルとともに、ジグザグに走りながら急勾配を上るスイッチバックという線路配置や、大きく円を描くループ線などで難所の矢岳越えを克服した。

一九二七年（昭和二年）、川内駅経由の海岸線が全通し、こちらが鹿児島線となった。人吉駅経由は肥薩線となり、ローカル線として細々と列車が運行されている。

山越えの線は景色が良い。おまけに歴史もある。九州新幹線の開業を契機に観光路線として見直され、改造車ながら特別車両も投入された。かつて日本の鉄道の最高責任者だった二人の名を取り、「いさぶろう号」（人吉駅発）「しんぺい号」（吉松駅発）と名付けられた列車だ。

元の姿はどこでも走っている「キハ40系」といわれるローカル気動車。だが、少し手を入れただけで見違えるような車両に変身している。

JR九州・田川後藤寺旅行センター（☎0947・44・3606）の紹介で、筑豊から出かけてみた（JRの旅行センターは各主要駅にあります）。車内では案内はもちろん、見所では徐行や停車のサービスも行われている。ぜひ乗車をお勧めしたい観光列車だ。

車内から見えるように立てられた、ループ線の案内板

完成当時の矢岳トンネル（『九州の鉄道の歩み』より）

〈右上〉大畑駅に着いた「いさぶろう・しんぺい」号
〈左上〉改造により見違えるように変身した「いさぶろう・しんぺい」号の車内

〈左〉大畑駅ホームには大きな水盤がある。蒸気の時代、煤で汚れた乗客はここの水で手や顔を洗ったことだろう。当時は、現在では想像もできないくらい厳しい峠越えの苦労があった

コラム 秘湯　霧島連山は、現在でも噴火活動が盛んな活火山だ。〝生きている〟霧島は、噴火という危険性があるものの、大自然の恵みもある。火山特有の地形や、珍しい植物もその一例だが、一番の恵はなんといっても温泉だろう。大地からこんこんと湧き出る温泉には、限りない魅力がある。昨今の温泉ブームで、温泉の多くは観光地化されてしまったが、霧島にはまだまだ秘湯といわれるものが多く存在する。〝鉾投温泉〟もその一つで、林道に車を止め、山中を二〇分歩くと突然目の前に現れる温泉だ。ここにはかつて孤児院があったらしいが、戦後に閉鎖され、大自然に帰ろうとしている。

鹿児島中央と指宿（山川）を結ぶ快速「なのはなDX」号

なのはなＤＸ号と錦江湾

九州を代表する温泉地の一つである指宿。鹿児島市と指宿市方面を結ぶJR指宿枕崎線に、九州新幹線と同時にデビューしたのが、黄色に塗装された「なのはなＤＸ」号だ。

もともとは福岡県筑豊地区で活躍していた「キハ二〇〇系」といわれる高性能気動車の〝一族〟。かつては真っ赤な塗装で筑豊と博多駅を結ぶ「赤い快速」として親しまれていた。

通勤に便利なように、扉は片方に三か所ずつあったが、「なのはなＤＸ号」への改造にあたり、中央の扉をふさぎ、大きな展望窓を作った。このコーナーは、フリースペースとして指定席利用者に限り、開放されている。

窓の外には、錦江湾と桜島の展望が開け、景色に見飽きることはない。指宿駅までは約一時間の旅路だが、下車

内装も新たになり、新幹線から乗り換えても遜色ないように作られている

指定席車中央に設けられたフリースペースからは、錦江湾や雄大な桜島の姿を満喫できる

コラム 日本一安い旅館

　JR指宿枕崎線・山川駅前の旅館「くり屋」は素泊まり一六七一円から。新館でも二七七四円という安さで宿泊できる。これは山川～鹿児島間のJR料金から生まれた値段という。つまり鹿児島から指宿方面に仕事で来た人に、いちいち鹿児島まで帰らなくて、ゆっくり仕事の疲れを癒してほしいという考えからだという。もちろん旅人にも安価で指宿の魅力を提供したいという。目の前は山川港で、カツオの水揚げで有名。名物料理はカツオのたたきで、ボリューム満点だ。温泉も良質で、ともかく魅力に富んだお勧めの宿だ。

〈問合せ先〉旅館くり屋
☎0993・34・0214

するのが惜しい気持ちになるくらいの魅力がある。

　パワーを誇る気動車は、なかなかの俊足。カーブや勾配《こうばい》をものともせず、並走する自動車をグングン引き離していく。

　少し手を加えただけで、こんなに華麗に変身するのか。列車を見慣れているはずの自分でも、不思議になるくらいだ。お化粧をして着飾った、とでも例えたらいいのかもしれない。

　指宿駅から列車を乗り換え、枕崎駅方面に向かうと、開聞岳のふもとに「西大山」という無人駅がある。かつては「日本最南端の駅」だったが、沖縄県にモノレールが開通し、「日本最南端のJR駅」となった。開聞岳を望むこの駅からの眺めも旅情を掻き立てられ、ぜひお勧めだ。

屋久島は「新幹線沿線上」

ホテル前に聳えるモッチョム岳

九州本土の南、約六〇キロの海上に浮かぶのが、世界遺産に登録された屋久島だ。この島に二〇〇五年十月、ＪＲ九州がホテルをオープンさせた。ＪＲといえば鉄道事業のみのように感じるが、民営化を機に、様々な事業を展開している。

　この島へのルートは、福岡市内からだと、在来線の「リレーつばめ」号で新八代まで行き、九州新幹線に乗り換えて鹿児島中央駅へ。そして高速船で現地に着く。博多を早朝出れば、昼過ぎには屋久島だ。ホテルの宿泊を含めて一セットの切符が販売されている。

　ＪＲファンの私としては、やはり気になる施設であり、応援すると同時に鉄道のない島になぜ、という疑問を抱いて一泊することにした。

　出迎えてくれたのは、ＪＲホテル屋久島（☎０９９７・４７・２０１１）の総支配人中村修さんだ。中村さんの前任は鹿児島中央駅初代駅長で、九州新幹線の開業にも立ち会った。

　もともとこのホテルは国民宿舎だったが、経営不振で三年半前に閉鎖。それをＪＲが引き継ぎ、建て直したという。中村さんは、列車のない現場での仕事に最初は一抹の寂しさを感じた。しかし、駅長のころ、鹿児島を訪れる観光客からよく屋久島への交通手段を尋ねられ、魅力あふれる島に観光客をもっと手軽に案内できないものかといつも考えていたから、いまではこのホテルに勤務できてよかったと思っていると笑顔で答えてくれた。

　開業準備で忙殺され、やがて迎えたオープンの日は、新幹線の開業よりも緊張し、「第一号のお客様を迎えたときの感激は忘れられない」という。

「屋久島は新幹線の〝沿線上〟です」と語る中村さんの言葉に、鉄道マンＯＢの誇りをかいま見た。

〈上〉鹿児島と屋久島を結ぶ高速船。博多から屋久島まで一連の割引切符が発売されている

〈右〉モッチョム岳をバックに夕日を浴びるJRホテル屋久島

ホテルの部屋は海を意識して作られている。天然温泉も湧き、景色・温泉・グルメと三拍子そろっている

息をのむほど美しい屋久島の夕暮れ

コラム ホテルマンの牽引車

中村修さんは、屋久島にJRホテル屋久島が開業するにあたり、鹿児島中央駅からホテルの総支配人として着任することとなった。地元にすこしでも貢献できるようにと、地元特産の食材を使うことはもちろん、従業員も積極的に地元の人を採用した。従業員面接のとき、どうしても働いてもらいたい女性がいた。しかし、その女性には障害がある。耳が不自由で、上手くしゃべる事もできない。だが、仕事に対する熱意に感動し、採用を決めた。入社式の日、女性には話の内容は聞こえない。どうしているかと目をやれば、同僚がメモを取り、その女性に筆記で通訳してあげていたという。念願の就職を果たした川東孝子《こうこ》さんは、総支配人の期待を裏切らなかった。仕事も熱心で、清掃の業務は完璧。仕事が楽しくてたまらないという。明るくひたむきな姿はみんなのムードメーカーであり、彼女はわがホテルの〝機関車〟ですよ、と中村さんはいかにも鉄道マンらしい表現をした。駅長時代、バリアフリーや優先席しか身障者への接し方を知らなかった自分にとって、彼女から多くを学ばせてもらったと熱く語った総支配人の顔が印象的だった。

新山口駅で発車を待つ「やまぐち」号。C57型は、その優雅なプロポーションから「貴婦人」の愛称を持つ

優雅に改造された客室に乗客も大満足の様子

自然の風を肌に感じることができる展望車からの眺め

「貴婦人」の優美な走り

昭和四〇年代、国鉄（当時）の近代化・合理化政策によって、全国の蒸気機関車が廃止されていった。

私鉄を除いて、国鉄線は完全に無煙化されたが、復活を望む声は日増しに大きくなった。当時の国鉄総裁の英断で一九七九年（昭和五十四年）八月一日、山口線に蒸気機関車が復活することになった。

候補路線の選定に際しては、全国各地から名乗りが上がった。新幹線からの乗り換えが可能で、周辺に適当な人口があり、観光地も点在、そして何よりも機関車の方向転換に不可欠な「転車台」が残っていたという理由で、小郡（現・新山口）－津和野間に決定した。

白羽の矢が立ったのが、京都市の梅小路蒸気機関車館で保存されていた

蒸気機関車を動かすには、大変な労力と技術が必要となる。足回りの点検や石炭の均しなど、作業が多い

機関車は峠越えに備え、蒸気をたくさん作るため、真っ黒な煙を吐いている

コラム 堀庭園

山陰の小京都といわれる島根県津和野は、観光地として有名だ。四季それぞれに魅力ある町だが、秋にはぜひ訪ねてもらいたい場所がある。奥津和野といわれる邑輝地区に、江戸時代より鉱山の開発に携わった堀家の住宅が残されている。格式を物語る大きな住宅もさることながら、圧巻は豊かな自然を取り込んだ池泉廻遊庭園で、一八九七年（明治三十年）、「鉱山王」と呼ばれた十五代・堀藤十郎が作庭した。四季それぞれ風情があるが、木々が真っ赤に燃える紅葉の時期が特に素晴らしい。

〈問合せ先〉堀庭園
☎0856・72・0010

C57という旅客機関車。一九三七年（昭和十二年）から製造されていた機関車だが、一〇四〇馬力と最高速度一〇〇キロという高性能を誇り、その優美なプロポーションから「貴婦人」のニックネームを持つ名機である。

その後、全国各地で次々と蒸気機関車が復活したが、元祖の貫禄からか、「やまぐち」号は現在でも各地から多くのファンを集めている。

路線選定では、新幹線が停車する小倉駅から筑豊を経由して、観光地の大分日田市まで日田彦山線を運転する案も浮上したらしい。

最終的には山口線に落ち着いたが、もし小倉―日田駅間で運転されていたら、九州の鉄道や観光にどんな好影響を与えただろうかと、想像をたくましくすることができる。石炭の故郷・筑豊には、蒸気機関車の煙がよく似合う。

豪華寝台特急トワイライトエクスプレス

〈上〉大阪駅で発車を待つ「トワイライトエクスプレス」号。直流電化から交流電化へ乗り入れるため、青森までは交直両用のEF81型が先頭に立つ

〈右〉1編成にただ1室しかない展望タイプのスイート。鉄道ファンのみならず、旅人憧れの部屋。入手は非常に困難でプラチナカードとなっている

「トワイライトエクスプレス」は、鉄道ファンならずとも、一度は耳にした事のある名前だろう。大阪駅を正午に出発し、翌日の朝九時に札幌駅に着く。随分長丁場のようだが、景色を満喫できるロビーカーや今では貴重な存在となった食堂車で食事も楽しめ、退屈することはない。この列車が博多発だと九州のファンにとってももっと身近な存在になるだろう。今回は大阪まで船を利用したが、新幹線を使う手もある。しかしそのハンディを考えても、どうしても乗ってみたい列車だ。移動手段ではなく「乗ることそのものを楽しむ列車」で本当によくできた列車なのである。

客車は従来の寝台車を改造したものだが、実によくできている。乗車した部屋はスイートで、一編成に二部屋し

〈右・上中下〉豪華な車内設備とウェルカムドリンクが迎えてくれる。写真は、最高級のスイート
〈左・上中下〉設備だけでなくサービスも一流の食堂車

かない贅沢な個室だ。ドアを開けると、天井まで届く大きな窓がある。これは日本海の夕暮れをメインに、景色を楽しむためのものだ。

　部屋の中はシングルベッドが二つに、ソファーがある。このソファーは三人で使用するときは、ベッドとなる。トイレやシャワー室もあり、とても列車の中とは思えない。スイートの両脇には、ロイヤルといわれる一人用個室が二部屋ずつ並んでいる。つまり、ひとつの車輌にスイート二人、ロイヤル四人、計六人のために作られたもので、贅沢この上ない。部屋には食堂車に直通の電話もあり、ルームサービスも受けられる。

　一流なのは設備面だけではない。大阪発が正午というのも計算しつくされた時間で、季節によって時間のズレはあるものの、日本海に沈む夕日を眺められ、翌朝は北海道の太平洋から昇る朝日も楽しめるのだ。見所の一つである青函トンネルは深夜の時間帯にかか

〈上〉天井まで届く大きな窓を備えたロビーカー
〈右下〉JR北海道の車掌さんによる青函トンネルの説明会。立ち見が出るほどの盛況
〈左下〉北海道内は非電化区間があるため、ディーゼル機関車が牽引する

るため仕方ないが、ロビーカーで車掌さんによるユーモアを交えたトークによる説明とクイズが行われ、ぜひとも参加したいイベントだ。

豪華な空間を独占でき、窓の外に広がる景色は、日頃見慣れた大阪や京都の風景と異なって見えるのが不思議で、特別な列車に乗っていると、こうも違うものかと戸惑ってしまう。車掌さんによる空調やルームキーの丁寧な説明、食堂車のスタッフが用意してくれたウェルカムドリンクのワイン、そして流れ行く車窓、全てが非日常の世界で、新鮮な気分になる。

琵琶湖の雄大な湖面を見て、北陸トンネルを過ぎるとまさに雪国で、北を目指しているのが実感できる。

ランチは食堂車で楽しむことができ、冷えた生ビールも味わ

〈上・下〉北海道の大地を眺めながらの朝食も美味しい。ディナーと朝食は予約制になっているので席は確保され、安心して食事を楽しむことができる

コラム トワイライトの旅

残念ながら博多始発ではないため、トワイライトエクスプレスの旅を楽しむには、大阪まで行くことが必要だ。大阪駅発が正午なので、早朝の博多または小倉発の新幹線に乗れば十分間に合うのだが、自分たちの嗜好に合わせていろいろな交通機関も楽しむことが可能だ。北九州市の新門司港から大阪南港までフェリーで瀬戸内海の船旅を満喫するのも楽しい。普通の気象条件ならほとんどゆれることもなく、船酔いの心配はしなくていいだろう。船の中には食堂はもちろん、バーやラウンジ、ゲームコーナーもある。さらに風呂もあり、瀬戸内海の夜景や早朝の景色を眺めながらの入浴は、一流の温泉旅館の風呂に勝るとも劣らない。終着の札幌駅からは少し足をのばし、港町小樽の観光をするのもよい。札幌からの帰路は、航空機を利用してもいいし、そのまま復路を楽しむのもよい。瀬戸内海から日本海、そして太平洋と次々と姿を変える海の表情を楽しめるのもこの旅の魅力だ。

える。流れる景色を楽しむうち、ディナータイムとなる。ディナーは予約制で、本格的なフランス料理。乗車した日はあいにくの曇天だったが、日本海の夕暮れを眺めながらの夕食は一生の思い出となるだろう。深夜三時過ぎからはロビーカーで青函トンネルの説明会だが、集まったのは四〇人以上。関心の高さがうかがえる。

夜が明けると北海道。外に広がる景色は雄大そのものだ。熱いシャワーがありがたい。身なりを整え、食堂車へ。朝食が美味しい。長い旅路のように思えたが、本当にあっという間についたというのが正直な気持ちだった。もっと乗っていたいという気持ちが募るのが、この時間帯だろう。

豪華な設備もさることながら、サービス面に関しても一流であり、鉄道ファンならずとも、一度はお勧めしたい旅だ。

(問合せ先＝JR西日本お客様センター
☎0570・00・2486

無残な姿をさらす鉄橋跡（旧川水流駅近く）

元気な頃のトロッコ車両から眺める五ヶ瀬川（高千穂町観光協会提供）

神話の国のトロッコ

平成十七年（二〇〇五年）九月六日、高千穂鉄道は悲劇に見舞われた。台風14号により記録的な豪雨が襲い、全線に渡って大きな被害を受けた。鉄橋は流され、築堤も破壊されるという壊滅的な打撃により、元々経営基盤の弱かった高千穂鉄道は、再建のめどが立たず経営を断念したのだ。

第三セクターの高千穂鉄道は解散したが、地元の心ある人たちは鉄路を見捨てなかった。高千穂鉄道の売り物だったトロッコ車両は無傷で残っている。それに高千穂から槙峰の約二〇キロは比較的被害も少ない。高千穂には年間一二〇万人を越える観光客があり、その人たちにもぜひ鉄道の魅力を知ってもらいたい。そんな発想から高千穂町観光協会の原田宗慶事務局長を中心としたメンバーが立ち上がり〈神話高千穂トロッコ鉄道〉という小さな鉄道会社を設立したのだ。

初夏の一日、高千穂を訪ねてみた。惨状は報道で目にしていたが、これほど悲惨なものとは思わなかった。本来なら日豊線の延岡から乗り換えていけるのだが、レンタカーを利用しなくてはいけないという現実を延岡駅で実感したのだ。

沿線の被害も痛ましかったが、槙峰駅に「ちょっと疲れただけだよね。休憩終わったらまた乗せてね。TR（高千穂鉄道）大好き」というメッセージを目にした。おそらく女子高生が書いたのだろう。皆さんの暖かいご支援で、小さな鉄道をぜひ助けてもらいたいものだ。

（問合せ先＝神話高千穂トロッコ鉄道㈱
☎0982・72・3216）

おわりに

本書は二〇〇四年四月七日より二〇〇五年十二月二十八日まで、読売新聞夕刊にて「桃坂豊のガタンごとん」という題で連載したものを加筆修正しまとめたものである。皆様のおかげにより、取材を進めるうちにいろいろなエピソードや心温まる逸話にめぐり合うことができた。

鉄道を愛する想いをつづっただけではなく、鉄道が社会に貢献してきた役割や、それを陰で支えた鉄道マンの誇り、そして暖かい人情、さらには旅の楽しみなど思いつくままにまとめてみたが、事実をどの程度伝えることができたか不安な面もある。読者の皆様の博識と暖かい心で補い、お読みいただければ幸いである。

現代は車社会となり、鉄道は片隅に追いやられつつあるが、本書により鉄道が陸上交通の雄であり、日本はもとより、世界の発展に大きな役割を果たしてきたこと、さらには、今後鉄道を通して環境問題などについてすこしでも考慮いただければ望外の喜びである。

末筆になったが本書の執筆にあたり、読売新聞西部本社及びＪＲ九州を初めとする各機関、さらには資料を快く提供いただいたばかりではなく、暖かく適切なアドバイスを頂いた奈良崎博保氏をはじめ、多くの皆様に感謝の意を表したい。本当にありがとうございました。

実は本書の執筆中、大変不幸な出来事が起こった。宮崎県の延岡駅と高千穂駅を結ぶ第三セクターの高千穂鉄道が二〇〇五年の台風により甚大な被害を受けている。復興には莫大な資金がかかるため、廃止が取り沙汰されている。今、まさに自然災害により消えようとしている鉄道があるのだ。しかし、鉄道を守ろうとする地元市町村の必死の動きがある。独りの力は微力かも知れないが、多くの人の集まりにより大きな力となる。一人でも多くの方の力で高千穂鉄道を救っていただきたいと思っている。

二〇〇六年春

桃坂　豊

田中　操・画

〔主な参考文献〕

『九州の鉄道の歩み』日本国有鉄道九州総局（昭和48年）

『鉄輪の轟き—九州の鉄道一〇〇年記念誌』
九州旅客鉄道株式会社（平成元年）

『福岡鉄道風土記』弓削信夫、葦書房（平成11年）

『福岡県ＪＲ全駅』弓削信夫、葦書房（平成５年）

『九州の蒸気機関車』倉地英夫、大谷節夫、葦書房（昭和53年）

『沖縄の心を求めて』石田譲一、ひるぎ社（昭和59年）

『近代沖縄の鉄道と海運』金城功、ひるぎ社（昭和58年）

『沖縄に電車が走る日』ゆたかはじめ、ニライ社（平成12年）

『九州・鉄道の旅』栗原隆司、海鳥社（平成15年）

『もうひとつの九州旅』九栄会、西日本新聞社（平成17年）

「鉄道ジャーナル」鉄道ジャーナル社

「鉄道ピクトリアル」鉄道図書刊行会

〔資料提供者および協力者〕

九州旅客鉄道株式会社
西日本旅客鉄道株式会社
日本貨物鉄道株式会社九州支社
平成筑豊鉄道株式会社
沖縄都市モノレール株式会社
ＪＲ九州屋久島ホテル
赤村トロッコの会
鍋島報效会
高千穂町観光協会
読売新聞西部本社

案田伸一
鶴我盛仁
奈良崎博保
鳥飼正弘
岡部弘美（故人）
ゆたか　はじめ
今戸伸浩
得田　徹
平原健二

〈著者略歴〉

桃坂　豊（ももさか・ゆたか）
一九六〇年、福岡県生まれ。
一九七八年、福岡県立田川東高校普通科卒。
福岡県文化財保護指導委員、勝山町史執筆委員、田川郷土史会監事、香春町郷土史会会員、JR九州ファン懇話会理事、読売新聞西部本社提唱「明日の筑豊を考える30人委員会」委員、田川警察署少年補導員、香春町写真クラブ会員。
主な著書（いずれも共著）
『九州の峠』（葦書房）『目で見る筑豊の100年』（郷土出版社）その他多数

九州・鉄道ものがたり

二〇〇六年六月一五日第一刷発行
二〇〇六年七月二〇日第二刷発行

著者　桃坂《ももさか》　豊《ゆたか》
発行者　三原浩良
発行所　弦書房
（〒810・0041）
福岡市中央区大名二−二−四三
ELK大名ビル三〇一
電話　〇九二・七二六・九八八五
FAX　〇九二・七二六・九八八六

印刷　アロー印刷株式会社
製本　篠原製本株式会社

落丁・乱丁の本はお取り替えします。

ISBN 4-902116-56-1 C0026